宁夏大学"211工程"学科项目资助出版

教育部人文社科重点研究基地

宁夏大学西夏学研究院 编

十二国

〔俄〕索罗宁 著

● 粟瑞雪 译

黄河出版传媒集团
宁夏人民出版社

图书在版编目(CIP)数据

十二国 / (俄罗斯)索罗宁著;粟瑞雪译. -- 银川：
宁夏人民出版社，2012.10
ISBN 978-7-227-05301-9

I. ①十… II. ①索… ②粟… III. ①中国历史—春
秋战国时代—通俗读物 IV. ①K225.09

中国版本图书馆 CIP 数据核字（2012）第 255853 号

十二国　　　　　　　　　　　　　［俄］索罗宁 著　粟瑞雪 译

责任编辑　陈　晶　马宗明
封面设计　伊　青
责任印制　张国祥

黄河出版传媒集团　出版发行
宁夏人民出版社

地　　址　银川市北京东路 139 号出版大厦（750001）
网　　址　http://www.yrpubm.com
网上书店　http://www.hh-book.com
电子信箱　renminshe@yrpubm.com
邮购电话　0951-5044614
经　　销　全国新华书店
印刷装订　宁夏精捷彩色印务有限公司

开本　720mm×980mm　1/16　印张　9　　字数　88 千
印刷委托书号（宁）0012596　印数　2000
版次　2012 年 11 月第 1 版　印次　2012 年 11 月第 1 次印刷
书号　ISBN 978-7-227-05301-9/K·739

定价　30.00 元

代 序

　　圣道虽不朽,不依人侧衰,学术之功劳,非为共而作,若非此,岂能盛与哉？学术虽曰为一人所造,岂非大家之共力哉？

　　西夏文《十二国》之研究,虽为余之所造,但实为多人之共同贡献。西夏文《十二国》,为余初解西夏文入门之书也。1992年,余立决心,以西夏学及西夏佛教研究为业,遂向克恰诺夫教授求学并拜其为师。老先生爱而谓余曰:"尔何不作《十二国》之初步研究乎？其可为尔学西夏语之入门也。此研毕,乃后作佛教之研究,可也。尔先应学其语言文字,以西夏文字与中文资料核对而读之,乃为学西夏语之便捷易道,然乎？"于是,吾对陌生之西夏文,听师谆言,对曰"可",遂入手而习研之。

　　初,余尚在列宁格勒大学就学,乃以《十二国》卷一之俄文翻译,为毕业论文。此时,列宁格勒大学改名为圣彼得堡大学,余又入圣彼得堡大学东方系博士班求学,心仍在西夏佛典之研究。届时,老先生谓余曰:《十二国》研究不可弃也,事必有始有终,务必完成其业。"于是余乃勤进,在1994年,完成《十二国》之翻译、注解等工作。此时,幸见圣彼得堡东方学中心创始人,伊·亚·阿利莫夫教授。其圣彼得

十二国

堡东方学（Петербургское Востоковедение）出版社初立不久。教授乃谓余曰："尔《十二国》译本完成已久，在吾社出版，如之何？"余时未满30岁，不为人知，也未获博士学位，有人不请而有意为余出书者，不甚之乐，难以尽说。后，余以出书之说，告于老先生，先生喜曰："可。"于是，此书得以出版。余深谢伊·亚·阿利莫夫及夫人，无二位大德支持及热诚指导，此书则无法早日出版。老先生为余指教之恩，则终生无以报。《十二国》俄译本为1995年出版，虽为余最初之著作，实乃克恰诺夫老先生，阿利莫夫教授和夫人指导、关爱、提携之结果，大恩大德，感谢无尽，在此致意，略表寸心。

研究《十二国》时，余尚未通西夏语，迄今之进步，亦不甚大。当时，年少轻狂，对西夏充满浪漫之感。在余眼光中，西夏非为研究领域，而为"知而不言万密之国"，于是，始以解开其深渊之谜为终生之事。由此观之，当时之研究立场颇为偏怪：《十二国》之俄文翻译，虽不见太大之讹误，但研究结论，乃甚足为奇，可曰余对《十二国》本质误解甚大。主要是，此书为简略历史故事之集，其结构、内容与唐宋世俗文学颇为接近，是否为特定中文原典之译本，乃迄今不得知。而浪漫之余，乃将《十二国》内涵结构之起源，寻址在古，以为此书与春秋战国时期"国别"题材有共同之来源，对书内之文章顺序，有莫名其妙之理解等，并提出西夏文学"三层次"理论等。如此等等说法，尚无足够证据；为此等等不足，实有甚多遗憾，在此，特向读者诚恳致歉。余1995年首出之《十二国》一书，其中缺点与不足之处，早为同僚所发现。其中聂鸿音老师等人，觅其所短，补其所缺，贡献莫之大也。既如此，余亦对《十二国》之研究评价不高，且早知必补之处颇多，但余专心于西夏佛教典籍之研究，故未将《十二国》置于心中。

前三年聂鸿音教授言于余："有人译《十二国》，尔知之否？"余对曰："西夏文《十二国》研究价值颇高，早已得翻译研究其句法、语音音写等,终于译之,为学术之贡献莫大焉。"师乃言:"其所译即尔《十二国之研究》,并非其西夏原文,译者热情用功,望尔会阅其译本。吾已阅其初稿,并修润其文,觉译者功德无量,且杜建录院长有意出版。"余当知宁夏大学西夏学研究院杜建录院长愿意出此书,则犹豫不安:其为余早期不完整之著作,似乎人不知之而不温。杜建录教授愿以西夏学院名义出之,其荣誉莫之大矣。但学界当仁不让,而《十二国》译本研究不当之处甚多,余岂不悲乎?时余不知何之应。聂老师仍不放弃,期年乃见余曰:"翻译完毕,尔愿览之乎?如此常拖,亦非好事。译者下工夫,建录先生万忙之暇心存此事。"余乃初见粟瑞雪女士之译本。

粟女士译《十二国》之事,使余快乐无尽,可曰,其译文善于余之原文:原文缺而补之,繁而简之,文之顺,亦甚可叹之!余曾议之:最初研究《十二国》大部分典故原文,现于不同文献,而余亦曾未确认来源之典故,此皆为聂鸿音教授等补充,可曰《十二国》中之大部分典故,皆知其来源。俄版本有原始典故相关记载及翻译,但未供原文,不便于参考。余以为,有原文记载,会增加《十二国》中译本之研究价值。粟女士按俄文版之载,在其中文译本中,作不同典故而另补其原文,便于读者核对分析。粟女士如此功劳,为此书之巨大之改进改善。非粟女士之力,岂可立之哉!若夫粟女士之不请而译之补之,聂老师之立功而改之修之,杜教授受之出之,此书岂能成而问世乎?余存疑之。余惟愿此书彰显三位大德之功。

近几年,余常受宁夏大学西夏学研究院之支持,中国社会科学院之维护,真为此踊跃不尽。《十二国》译本之出版,亦为院长杜建录教授赞而推,粟瑞雪女士译而补,聂鸿音教授改而润,三位发展西夏学业之精神,尽显于此。近年宁夏之西夏学得以盛行,非杜教授倾心之力,岂能有如此之美哉?聂教授归命于西夏学,若非天命而有,岂亦可乎?粟女士精通俄文,爱怜西夏学,非凡人所能至。其人虽年轻,但其对西夏学之贡献不朽,路人皆知。至此,感谢诸位指导帮忙,学恩有报。此书立功立德之名,则当归于三位大德,其不当之讹,则尽归于余。如琢如磨,可为精玉;如补如削,可为精器;入神化疵,可为精学。学业者,当如此。是为序。

索罗宁

2012 年 4 月 27 日,在宜兰礁溪

目　录
CONTENTS

汉文本《十二国》的成书时间、原文出处及内容特点

一

　　俄罗斯科学院东方研究所圣彼得堡分所写本部收藏着一本题为"十二国"的西夏文刻本(科兹洛夫收集品,Танг-12),现存部分不完整:原书上、中、下三卷,仅存上卷和中卷。这两卷书保存状况良好,但其中略有残佚,难以做到全文的翻译。著录的书题"十二国"是抄录了位于版口的简称,书的全称尚不得而知。现存部分没有序跋,无法确定该书译成西夏文的时间。

　　《十二国》辑录了中国历史上春秋战国时期(公元前 8~前 3 世纪)的一些故事,包括发生在晋国、齐国、后齐(田氏)、魏国、鲁国、赵国的史实。叙述史实按地理分布原则:述及一个国家时分作若干章,却不管时间的先后,材料编排有些混乱。[1]比如在齐国篇里首先提到的是齐景公(公元前 548 年~前 490 年在位),然后才是齐桓公(公元前 685 年~前 643 年在位)[2],而有关孟尝君的著名典故则被放在了其

---

　　[1]克平:《〈十二国〉——保存在西夏译本中的汉文作品》(К.Б.Кепинг,《Двенадцать царств》-китайское сочинение сохранившееся в тангутском переводе, Памятники письменности, истории и культуры народов востока, 1974),第 63~66 页。

　　[2]同上,第 65~66 页。

十二国

父靖郭君在世时发生的故事之前。

《十二国》中的每一"国"①都以简短的引言开篇,引言中包含了该国创始人的资料、对周王朝的态度、该国何时成为霸主以及何时因何而灭亡。

由于不知道完整的书名,所以无法指出《十二国》的汉文原本名称。也许,保存在俄罗斯科学院东方研究所圣彼得堡分所的这个译本出自《宋史·艺文志》著录的作品——宋代孙昱所著《十二国史》十二卷或《十二国史略》三卷。②由于西夏文《十二国》本为三卷,人们自然会想到这个西夏文本就是《十二国史略》,但无论是西夏文本还是汉文本,这两部文献都未流传下来,迄今仍不为人所知,任何勘同都只能是假设。这种勘同不可能只根据《十二国》这一部著作:《宋史·艺文志》中提到了一系列作品,同样也把这部著作列入其中。③最后不排除一种可能,即该书根本不是从汉文本译来的,而是依据西夏国内各种不同汉文作品编纂的中原历史故事集。克平研究的《新集慈孝记》可以作为这种编著的例子④,但该著作的特点是在叙述史实时遵守事件发生次序的连贯性,并根据中国通用的规范按题材分类组织材料。⑤因此,《十二国》的叙述有些杂乱无章,这正好驳斥了该书是在西夏编

---

①"十二国"的名称由"春秋五霸"加"战国七雄"得来。

②克平:《〈十二国〉——保存在西夏译本中的汉文作品》(К.Б.Кепинг, 《Двенадцать царств》- китайское сочинение сохранившееся в тангутском переводе, Памятники письменности, истории и культуры народов востока, 1974), 第63页。聂历山:《西夏语文学》(Н. А. Невский, Тангутская филология, Москва: Издательство восточной литературы,1960), 第1卷,第86页。

③《宋史·艺文志》,《二十五史》,上海:1987年,第12卷,第5811~5812页。

④这部作品是一个叫曹道安的人根据西夏境内的各种汉文资料编写的。参看克平《新集慈孝记》(К.Б.Кепинг, Вновь собранные записи о любви к младшим и почтении к страшим, Москва, 1990),第9页。

⑤比如刘向的《新序》和其他作品按不同题材分类,这传统是一直延续下来的。

纂的观点。这部著作多半还是译自汉文本。

把这部书与古汉语的类似作品进行比较分析,可以澄清《十二国》的原著问题。在缺乏原著的情况下不可能直接进行文本分析,因此不得不考虑一些纯形式上的标准:其他文献中存在内容相似的片段、人物名字的差异和论述同一事件时的差别等等。为了证实《十二国》中故事的同一,我参考了以下汉文作品——司马迁的《史记》、《春秋左氏传》、《国语》以及汉代刘向(公元前 79 年~前 8 年)的著作:《说苑》、《新序》、《战国策》。此外,还用到了《韩诗外传》、《吕氏春秋》、《韩非子》和《列子》。

在早些时候曾经提出过一个说法,认为《十二国》可能与《说苑》之类著作有些相似。①可是,与《十二国》的结构和内容相似的文献绝对不止《说苑》一种。

根据地理原则排比史料是中国早期史书的典型特征之一。作为最早史书之一的《国语》正是这样写成的。还有《战国策》,据编者刘向指出,也属于他早年校订并补充的、"因国别"的作品。②《国语》和《战国策》这两部书都遵守所述事件发生次序的连贯性,而且《战国策》完全是刘向的校订成果。③《国语》也是经校订而成,尽管不清楚该文献的作者是谁,又是谁在何时校订过它。

因此,中国早期俗史书的特点是按地理特征组织内容,叙述有些

---

① 克平:《《十二国》——保存在西夏译本中的汉文作品》(К.Б.Кепинг,《Двенадцать царств》-китайское сочинение сохранившееся в тангутском переводе, Памятники письменности, истории и культуры народов востока, 1974),第 65 页。

② 参看塔斯金译自汉语的《国语》(В.С.Таскин, Речи царств [Го юй], Москва, 1987);《战国策》,《国学丛书》第一种,上海,1958 年。

③ 《战国策》卷一。瓦西里耶夫:《战国策》(К.В.Васильев, Планы сражающихся царств, Москва, 1968),第 45~46 页。

杂乱无章,后来的编撰者克服了这一缺点。①由此可以得出结论,从结构来看,《十二国》源于刘向编写或校订的《战国策》及其他作品,以及《国语》在某种程度上建立的古代俗史学传统。②作为对《十二国》古代原本有利的补充论据,它与马王堆出土的文献有些相似。马王堆所出文献中有战国时期的 27 个历史故事,和《十二国》一样,其特点也是内容编排杂乱无章和不按事件发生的先后顺序叙述。③

研究相同故事的具体情节也可以补充解释《十二国》原本的出处问题。但是书中有些故事,在古代汉文史书——《春秋》、《左传》和《史记》中实际上找不到对应的内容。《十二国》只有两个故事("后齐"篇的第二章和第五章)和《史记》完全一致,其余所有的章节还要参照其他相关汉文史料进行甄别。《十二国》与《史记》中的故事虽然相似,但还不能把它们直接对等起来,这两部文献在叙事时总是有些差别。④

《十二国》现存章节记录的主要是战国时期的故事。春秋时期的故事只是在"鲁国"、"齐国"和"晋国"篇中有所涉及。"晋国"篇的三个故事——谴责赵盾、晋景公生病和城濮之战与《春秋》相符,但《春秋》对这些故事的叙述与《十二国》有很大差异。《春秋》记载,赵穿杀死晋灵公之后,赵盾逃离了晋国,后又回国,遭到史官董狐的谴责。孔子惋惜赵盾名誉受损,称他是一位好官。而《十二国》记述的则是孔子指责赵盾最后没有履行自己的义务。关于晋景公生病的故事,《十二国》的叙

---

① 塔斯金:《国语》(В.С.Таскин, Речи царств [Го юй], Москва, 1987);《战国策》,上海, 1958 年,第 7 页。

② 瓦西里耶夫:《战国策》(К.В.Васильев, Планы сражающихся царств, Москва, 1968),第 123 页。塔斯金认为,《国语》是为使其与国家的儒教理论产生巨大联系而专门编订的。参看塔斯金《国语》(В.С.Таскин, Речи царств [Го юй]);《战国策》,上海,1958 年,第 7 页。

③《东方民族文化的手抄本》(Рукописная книга в культуре народов Востока, кн. 2, Москва, 1988),第 97~98 页。

④《十二国》与《史记》之间的所有差异见注释部分。

述也与《春秋》不同:《十二国》讲的是景公善待医缓,而《春秋》则强调这位昏君因生活荒淫而生病,且无人能治,后来掉入茅厕,死得毫无尊严。①这些差异使我们得出结论,《十二国》的题材在来源上与《春秋》、《左传》或其他编年体史书没有关系,而是源于另一种可能属于以《战国策》和《国语》为代表的民间杂史,其中自有一些偏离正史的记述②。而且,《十二国》有自己的时代范围,比《国语》或《战国策》更广:书中涵盖了春秋和战国时期,《十二国》讲述春秋时期所发生事件的篇章与《国语》一致的比较少。③该西夏文本的内容主要与《战国策》和其他著作(主要是《说苑》和《新序》)一致。在这种情况下,如果西夏文本与相应作品可以勘同,那么这些故事的汉文本与西夏文本就相当符合。因此,《十二国》"鲁国"篇第十章和十一章的故事就像《说苑》记载的那样,是按事件发生的先后顺序叙述的。有两个故事("鲁国"篇第十五章和"齐国"篇第三章)是根据《韩非子》确定的,而且这两个故事在汉文本的同一篇中。④有一个故事("鲁国"篇第五章)可以勘同《吕氏春秋》,除了故事人物名字略有异读之外,西夏文本与汉文本的内容一致。在汉文献中只有《吕氏春秋》收录了这个故事,但在人物名字上与西夏文本略有出入也可以解释为一种迹象,表明编入《十二国》的这个故事并非源自《吕氏春秋》。

然而,并非所有的故事都与汉文献一致。想必西夏文《十二国》的汉文底本不是从著名的文学作品编撰而来,而是另有来源,不止包括

---

①引自《史记》和《春秋左传》,见注释。

②有关《春秋》与《国语》的差异,见《国语》塔斯金译本(В.С.Таскин, Речи царств [Го юй]);《战国策》,上海,1958年,第5~6页。瓦西里耶夫:《战国策》(К.В.Васильев, Планы сражающихся царств, Москва, 1968),第95~96页。

③《国语》主要叙述春秋时期的故事,而在《十二国》保存下来的部分中主要讲述的是战国时代的故事。

④《韩非子》,《二十二子》,上海,1987年,第1143页。

十二国

刘向本人作品之类的常用文献。因此,当《十二国》的内容与其他作品等同时,正如前面指出的,可以发现它们之间确实极其相似,但不完全一样。在此基础上,似乎很难认定《战国策》、《说苑》、《新序》、《韩诗外传》之类作品就是编写《十二国》时的参考。这多半都是同一类型的作品,源于中国早期编纂史书的一种传统,源于复杂而有趣的历史故事,这些故事题材也可以作为任何一种政治思想或智慧的例证。因此,《十二国》完全可能不是源于宋朝的编撰本,而是更古老得多的中国史书编纂传统。这可以用几点推测来证明。

首先,《十二国》的内容没有任何劝世意义,甚至每篇开头的简短序言也只含有大量信息而没有道德评价。故事表现出的"素朴实在论"和"唯史实派"占首要地位,瓦西里耶夫认为这二者是中国早期史学传统的特点①,而且故事的趣味性在选材时不起决定性的作用。

其次,以下论据证明了《十二国》的全部故事都十分古老:"鲁国"篇有两个故事——第十一章和第十三章的叙述不能认为等同于孔子弟子宓子贱担任单父宰时的活动。关于孔子这位爱徒的情况鲜为人知,流传至今的、有关他的故事都收录在《吕氏春秋》和《新序》中②,而且内容彼此重复,但这些书中没有一本包含《十二国》那两章中的故事。有关宓子贱或宓子本人的情况,注释者只是介绍说,他研究过古代世界,又名不齐,姓氏读作"fú"。我们从《汉书·艺文志》得知,有十六篇作品都是由称作宓子的宓子贱编写的。③后来再没提到这些事。如果假设,根据与《晏子春秋》相似这一点来类推,宓子的文章不是宓子贱本人所写,而只是关于他的故事,那么《十二国》中关于宓子贱的

---

① 瓦西里耶夫:《战国策》(К.В.Васильев, Планы сражающихся царств, Москва,1968),第123页。
② 在《淮南子》中也有关于宓子贱的故事。
③《前汉书·艺文志》,《二十二子》,上海,1987年,第165页。

内容也完全可能是源于宓子的作品。因此,《十二国》的原文应当是汉初编写的,与这一致的情况是,《十二国》原文或原文的雏形与刘向的有关作品相应。

《十二国》在结构上近似于一些源于中国古代叙史传统的文献,如具有代表性的《国语》和《战国策》等。这些文献与《十二国》有确定无疑的相似之处,虽然各自的故事有其独特性,但是可以假设,前面提到的全部著作,包括《十二国》的汉文原本,都源于一组形成于战国末期和西汉初年的主流历史故事。在没有统治思想的时期,随着官吏阶层政治经验的积累,这些故事越来越具有综合性。因此,这些故事与其说是意识形态的表现(后来具有了这种功能),还不如说是政治上灵活与务实的例证。我们在《战国策》、《新序》和其他文献中发现的也正是这些特点①,这些特点对于《十二国》的汉文底本来说也是典型的。由此可以得出结论,《十二国》汉文底本故事的综合性源于中国古代编纂史书的传统,作品本身可以认为与刘向的作品同步。

要准确判断《十二国》被译成西夏文的时间是不可能的。但可以提出几点看法:该译本大约完成于 12 世纪中期。西夏在 11 世纪中期就已经开始尝试把汉文作品译成西夏文②,但直到 12 世纪中期前,在成立了翰林院(1162 年)和所谓的"内学"(1148 年)之后,大规模的翻译活动才真正开始。③正是在 12 世纪中叶编写出了与《十二国》功用

---

①《关于〈战国策〉内容的特点》,瓦西里耶夫《战国策》(К.В.Васильев, Планы сражающихся царств, Москва, 1968),第 122~123 页。

②③克恰诺夫:《西夏史纲》(Е.И.Кычанов, Очерк тангутского государства, Москва, 1968),第 266 页。

十二国

相近的《新集慈孝记》，并完成了汉文本《类林》的翻译。①大致可以说，西夏译本《十二国》是在 12 世纪中叶前后面世的。通过对西夏刻本的印面进行分析也可以证明这一结论，根据间接的特征，可以确定这件刻本也是 12 世纪中叶的。②

二

上文已经讲过，在《十二国》、《战国策》和其他一些作品之间有大量故事是吻合的。与《战国策》相应的故事构成了《十二国》中最显著的一组内容。这也说明，大致从战国时代开始，已经有较多的历史故事流传下来，与中国古代其他历史时代相比，故事范围也有比较明显的扩大。如上所述，由于《十二国》与汉代文学作品（如《说苑》、《新序》、《韩诗外传》等）具有相关性，我们可以推测有一组完整的文献，上述所有著作中的故事都来源其中。

考虑到《十二国》与《战国策》的来源相同，可以推测这两部作品的内容有某些相似，但它们之间也有非常重要的区别。

首先我们注意到，《十二国》所录战国时期的材料没有《战国策》全面。即使只根据《十二国》中流传至今的田氏"后齐"篇，也能相当清楚地发现这一点——《战国策》用了六章来叙述齐国这一时期的历史，而《十二国》总共才用了一章。

---

①克平：《新集慈孝记》(К.Б.Кепинг, Вновь собранные записи о любви к младшим и почтении к страшим, Москва, 1990)，第9~10 页。克平：《类林》(К.Б.Кепинг, Лес категорий, утраченная китайская лэйшу в тангутском переводе, Москва, 1983)。

②克平：《〈十二国〉——保存在西夏译本中的汉文作品》(К.Б.Кепинг, 《Двенадцать царств》-китайское сочинение сохранившееся в тангутском переводе, Памятники письменности, истории и культуры народов востока, 1974)，第63 页。

《十二国》和《战国策》叙述的对象究竟是什么呢？

正如瓦西里耶夫所指出的,《战国策》叙述的主题往往不是某个人物,而是一系列具体的历史事实,其中人物的简短话语是为了更直观地重现历史原貌而做出的说明。①而在《十二国》中,只有一个故事关注的是事件本身("后齐"篇中的第三章——田单守即墨)。在西夏文本中,叙述的主题就是故事主角所讲的话和表现出的智慧,而事件本身只是突出故事人物言语智慧的背景,而《战国策》本身就有不少辞藻华丽的故事。②

瓦西里耶夫认为《战国策》中缺少对事件的道德伦理评价——这些事件有的被解释为政治智慧的结果,有的则表现出官员或统治者的无能——《十二国》也不例外。而且,西夏文献的作者常常会忽视一些史实,而这些史实能证明历史事件与某人所起作用之间的直接联系。比如在第五篇中,齐国(吕氏)的灭亡就与齐景公曾经悲悼的晏子去世有关。但众所周知,齐景公去世后,吕氏齐国还存在了相当久(到公元前 379 年正式结束,即齐景公死后还存在了几乎一百年)。

《战国策》的作者试图突破官方编年史那种述而不评的典型传统,他们努力从客观必然性的角度解释历史事件,展示这些事件在参与者的动机和意图影响下发生的规律。③类似的宗旨使得《战国策》的作者和编者能把时间上接近的史实排列在一起来明确它们之间的因果关系④,同时保持事件发生的时间顺序:对于每个国家来说,该国君主执政的顺序就是时间先后的坐标,而《十二国》的特点却同样是完

---

①瓦西里耶夫:《战国策》(K.B.Васильев, Планы сражающихся царств, Москва, 1968),第 114~115 页。

②如关于淳于髡、徐君平、靖郭君、孟尝君的故事被证实可与《战国策》勘同。

③④瓦西里耶夫:《战国策》(K.B.Васильев, Планы сражающихся царств, Москва, 1968),第 123~124 页。

十二国

全没有任何时间顺序。《战国策》中严谨的时间顺序都是后来编订的结果，为的是尽力重现编年体记事的因果联系。①正如马王堆出土文献所证明的，在《战国策》和《十二国》一类著作中，根本没有按时间顺序的、连贯的叙述。正是所述材料的杂乱无序，证明它们接近于一种曾存在于正式编年体范围之外的、特殊而丰富的历史传统。②于是，作为一本未经后世（到宋代之前，也就是10世纪前）编订的著作，《十二国》表现出了这一传统存在的更古老阶段。瓦西里耶夫解释说，古代史学的"特殊传统"表现为一种假定的、以某种方式记载同时代人——统治者、军士、纵横家的言论并评价历史事件的口头传统。③我们认为，把君臣的言论收录到故事中以利于口传全书的继承性，并且尝试对历史文献进行加工整理以明确连贯的时间顺序和历史事件之间的因果关系，这都是后来编订的结果。因此，重点记述人物的言论、不带编订痕迹的西夏文本更符合民间史学的古代传统。被瓦西里耶夫定义为体现早先政治传统载体思维特征的"素朴实在论"也可以论证那些完全由言论构成的古代故事，因为当时人们的观点还未被任何统治思想束缚。④

《十二国》中的故事往往都是表现古人实用主义的例子。"鲁国"篇第八章的故事在这方面很有代表性。故事讲的是鲁国大夫展禽以鲁国曾经的威望说服了齐僖公，让他放弃进攻因干旱和饥饿而衰弱的鲁国。明白了即使打败齐国自己也不能获得更高职位这一道理的

---

①瓦西里耶夫：《战国策》（К.В.Васильев, Планы сражающихся царств, Москва, 1968），第125页。刘向为《战国策》所作的序证明了这一点。参见《战国策》第1页。

②③瓦西里耶夫：《战国策》（К.В.Васильев, Планы сражающихся царств, Москва, 1968），第123页。

④同上，第122页。

楚国大将昭阳(见"后齐"篇第六章),以及宁让敌人得到熟麦也要为来年保存种麦人的宓子贱(见"鲁国"篇第六章)都是政治实用主义,甚至是个人实用主义的范例。已猜到田成子要叛乱而装糊涂,从而在叛乱时逃脱的齐国大臣古斯则表现出讲求实际的智慧(见"齐国"篇第十章)。如此这般的故事都包含着春秋战国时期的实践、政治与日常生活的智慧。从逻辑上可以假设,历史故事试图记录事件并从中吸取教训以利将来,所以用人物的言论作为教诲的手段,而对事件本身的描写可以退居其次,只简单给出该言论的政治背景和后果就行了。对事件的叙述可以简化为标准的起首套话,比如"某王攻某国……""王问……""或问……"等等。故事的结尾也千篇一律:"兵败……""王羞……"等等。在这类故事中不叙述具体的事件,所有的寓意都蕴含在言论中(与《国语》相比)。

因此,《十二国》中有些故事不仅从实用主义和"素朴实在论"的角度表现出政治与生活中的技巧,在口传历史故事和古代俗史书(史论)中也有表现。很明显,《十二国》中的历史故事流传至今的都是中国古代文学演变的最完整作品,它们具有最系统化的形式和口传作品典型的格言因素。可以不把《十二国》仅仅认定为一部历史著作(因为它在讲述历史时情节不丰富、缺乏因果联系、时间顺序混乱),它更多的是通过叙述历史故事来教给读者一些从政的实践智慧。因此,故事的历史背景——尤其是在讲到从时间顺序上看属于后来才发生的事件时,就退居次要地位或几乎完全消失了,从而使主要内容对于所有时代都同样有价值,这似乎消除了其历史局限性。

《十二国》中没有像瓦西里耶夫在《战国策》中分出的那些政治和政论片段(类似抨击性的话)。①《战国策》中有这样一篇文章——讲顿

---

①瓦西里耶夫:《战国策》(К.В.Васильев, Планы сражающихся царств, Москва, 1968),第112~115、163~164页。

十二国

弱与秦始皇的谈话,把后者描写成一个凶暴而昏庸的统治者。①瓦西里耶夫指出,这个故事在秦汉战争(公元前209年~前202年)时被记录下来,并用来当着其臣民和盟国的面责难帝王。②他认为这是一篇具有政治抨击性的政论作品。在《十二国》中没发现类似的章节。对此可以解释说,该片段(以及类似的片段)也许只是出自特定的原因才出现在特定的时间而未能成为口传故事,看来那只是作者的创作。在这些片段中,对历史的兴趣退居其次,让位于对政治的喜好。③这些抨击性文章保持意义的时间不长,不一定会被列入那些与训诫有关的章节,后者以上面指出的那些适于消除历史局限性的历史故事为例。在流传至今的《十二国》中没有类似的抨击性章节,这间接证明了这一作品产生于公元前3世纪末(同时应当考虑到,《十二国》的内容并不完全为人所知)。

《十二国》中还有一些劝谕性内容,与宣扬传统道德和并非总是纯儒家的生活宗旨有关。"鲁国"篇的第三章可属此列,故事讲的是公父文伯的母亲对儿子去世的反应。在文中,母亲谴责儿子对自己的妻妾过于忠诚,而对自己的父母缺乏应有的尊重。换句话说,公父文伯被指责缺乏最重要的传统美德——儿子对父母的孝。而且众所周知的是,公父文伯的母亲在鲁国享有贤妇的美名,连孔子都说她懂礼仪,因此她说的话就带有道德准则的性质。④

可列入劝谕性故事范畴的还有《十二国》中叙述孔子生活的一些故事,但不可认为所有的故事都是对他的颂扬。"鲁国"篇有大量

---

①②瓦西里耶夫:《战国策》(К.В.Васильев, Планы сражающихся царств, Москва, 1968),第112~113页。

③同上,第164页。

④塔斯金:《国语》(В.С.Таскин, Речи царств [Го юй], Москва, 1987);《战国策》,上海,1958年,第354页。

类似的内容。其中首先应当研究的是第十、第十一和第十二章——内容不多,讲述的可能是孔子生活中的真实故事,尽管在《论语》和其他典籍中没有描写,但在民间口传故事中十分流行。这些故事,尤其是讲述皋鱼(《十二国》中的丘吾子或玉丘子、丘子)哀悼父母的第十章在中原十分流行,皋鱼悲痛的形象已经成为一个普通名词,甚至被收录在《汉俄大词典》中。

这个故事(就像《十二国》中它后面那篇和《说苑》中孔子遇见捕鸟人的故事一样)的价值在于它揭示了对"孝"本身的中国式理解。在汉文文献《韩诗外传》和《说苑》中,叙述以上故事时附有作者的小结,在内容不够详细及有歧义时,刘向本人对事件做出了正确的解释。类似这种详尽解释和弄清其他情况的努力使研究者免于臆测和过度随意的解释,从而能正确地诠释故事。

让我们回到关于丘吾子哀悼的第十章,它被收入了汉代作品《韩诗外传》①和《说苑·敬慎》。在《韩诗外传》中,故事的结局不是主人公的死,而是孔子说的相当冗长的话。他给弟子们分析了发生的情况,得出了乍一看令人难以置信的结论,他认为皋鱼完全不是孝顺和守责的典范。为了证明自己的话,孔子引用了一句《诗经》(关于皋鱼的全部故事本身就是对这句话的注释):"父母孔迩"。②在此应该引用孔子与弟子谈论此事件的完整译文,他们是该事件的证人(皋鱼已经自杀,部分弟子已经各自回家孝养父母):"子路曰:'有人于斯,夙兴夜寐,手足胼胝,而面目黧黑,树艺五谷以事其亲,而无孝子之名者,何也?'孔子曰:'吾意者,身未敬邪?色不顺邪?词不逊邪?(与其说孔子这时谈的是皋鱼,不如说是在讲子路本人,后者性格狂暴粗劣。——作者注。)古人

①参看《韩诗外传》,《四部丛刊》,上海,1928年,第9卷,第203页。
②参看《毛诗正义》,《十三经注疏》,北京,1987年,第113卷,第83页。

有言曰:衣与,食与(即认为这些东西很重要。——作者注),曾不尔。即子劳以事其亲,无此三者,何为无孝之名?意者,所友非仁人邪?坐,语汝:虽有国士之力,不能自举其身,非无力也,不便也。是以君子入则笃孝,出则友贤,何为其无孝子之名?诗曰:父母孔迩。'"孔子再次强调,内在的恭顺和为父母的利益而劳作必须与儿子外在流露的情感相结合,否则根本谈不上孝。另外,从孔子的言论中还可以知道,他认为孝是主要的美德,是与仁者、贤人的友谊这种概念的基础,它能为晋升提供保障——因为孔子认为不仁不贤者本身不应当升迁或提升别人。孝是家庭的核心,因为家庭是国家的基础,有了孝,家庭和国家才会稳固,而一个拥有这种品质的人才是高尚的,并能得到很多。①孔子引用《诗经》的话证明了这些思想。因此,皋鱼完全不是孝子的形象:他离开父母去远游,即是不孝;事业上不能升迁,表现出不仁不智;没有结交仁义的朋友和组建家庭,则再次表现出不贤不孝,自杀只是加重了他自己的罪过。在《说苑》中有这个故事的另一个版本,其中孔子并非偶然地对弟子们说道:"弟子记之!此足以为戒也!"②在《说苑》中,有关丘吾子哀悼的事件和捕鸟人的故事(《十二国》第十章的故事)被放在了一起,即《十二国》的编者多半也是从该文献中摘录出它们,其作者刘向还为这些文章增补了某种类似后记或总结的文字:"修身正行,不可以不慎。嗜欲使行亏,谗谀乱正心,众口使意回,忧患生于所忽,祸起于细微,污辱难湔洒,败事不可后追,不深念远虑,后悔当几何?夫徼幸者,伐性之斧也;嗜欲者,逐祸之马也;谩谀者,穷辱之舍也;取虐于人者,趋祸之路也。故曰去徼幸,务忠信,节嗜欲,无取虐于人,则称为君子,名声常存。怨生于不报,祸生于多福,安危存于自处,不困在于蚤

---

① 在儒家"四书"之首的《大学》中,可以找到这一思想更完整的表述。
② 《说苑》,《四部丛刊》,上海,1928 年,第 10 卷,第 19 页。

豫,存亡在于得人。慎终如始,乃能长久。能行此五者,可以全身。己所不欲,勿施于人(引自《论语》——作者注),是谓要道也。"

从这一节可以看出,丘吾子受指责是因为他的行为不慎重,因而不符合中庸之道,该原则以隐晦的方式在该节的最后部分被表述出来,即必须回避极端状态,避免大富、赤贫等等。

在西夏文本中,捕鸟人的故事(第十篇)看上去更符合该节中表述的刘向的思想:也强调了经验和谨慎的重要性。这个故事在《说苑》中的表述稍有不同,大概把"吸引与认识人"的必要性看做是中国最古老的美德之一。看来在春秋战国时期人口不足的情况下,这个术语可以直接表示为把人口吸引到自己国家。如果来的人很多,国君就获得了"仁"的美名;如果没有人来,那国君就是残暴的。在刘向之前的时代,由于国君或大臣具有高尚的道德品质,这一术语获得了"使人心接近"的意义;不过,这种假设需要更明确地弄清楚。无法精确说出读者在了解了上述两个故事之后会产生什么样的联想,但很明确的是,这两个故事无论如何都与整个儒家传统的道德观念联系了起来,因为这两个故事只收录在这两本儒家的文集中。

可以说,对刘向和韩婴作品中的故事不应该如此解释,因为这些著作都是编的,其中故事都放在道德训诫之前。不过这些故事都是在西汉末年某种劝谕传统的框架中挑选的,此外还可以假设,到 12 世纪之前,已经不能把故事本身和刘向及韩婴对它们的解释分开了,这二人被认为是相当权威的学者。

最后一个要详细叙述的故事是"鲁国"篇第十二章关于孔子与荣启期的会面。这个故事也相当有名——《说苑·杂言》中有,《太平御览》中的引文和《新序》一样①,但看上去最流行的版本在道家著作《列子》

---

① 参看《孔子家语》,《二十二子》,上海,1987 年,第 516 页。

十二国

中,尽管西夏文本和《列子》中的内容小有差别。这里选用《列子·天瑞》来做分析和对比,正是因为这个故事被有意地添加了相同的内容。[①]故事本身开始之前有一个长篇的理论性前言,与故事的主要部分相对照,被分析的故事本身只是例证。文中分析的部分讲的是存在与虚无之间、后天与先天的东西会时常转换,还谈到"理"——生命的本体就像这世上的一切,必然会终结:完成自己的功能之后,必将归于虚无。于是,人的身体将会死去,而他的灵魂将变成"气",骨肉与产生它的大地相混合,因而返璞归真。人将会找到自己的终点,这是无法抗拒的。在经过一生的四个阶段之后,人将回到在娘肚子里完完全全的胎儿状态——外物不能伤它,也无美德可修(也就是说,一生圆满)。

在这个故事中能明显看出道家思想与儒家思想的对立,而且认为不违背事物自然进程的道家思想更好,在这一自然的过程中能实现尽善尽美。故事中孔子没有对荣启期的生活目标发表任何言论,这可以让我们假定孔子接受了荣启期的观点,未加评判,或许认为这与自己的观点相符。

因此,《十二国》中带有政论说教性质的文章,有很多是倾向完全不同的——既有道家的,也有儒家的,而且《十二国》未对它们任何一种体系表现出明显的喜好。讲述这些文章的内容时采用了平等的方式,说明这部文献可能成书于百家争鸣时期。《十二国》中,儒家的教育作用与"素朴实在论"及政治家的经济论被同时表现出来;孝子的理想与顺利升迁的实用目标在此得到成功的结合,升迁需要政治上的随机应变,该文献中也有这样的例子。《十二国》中的其他故事也确切地证明了必须采取实用和现实的方法,要求国务活动家有分析政

---

①参看《列子》,《二十二子》,上海,1987年,第196页。

治局势的能力，能对形势的发展作出预测，有时还要为了本身或者国家的利益作出牺牲。

这些文章中值得一提的还有"齐国"篇的第三章（关于大臣古斯心知田成子的野心而嘴上不说，因此在后者发动的叛乱中得以脱身的故事）。在《韩非子·说林》中也有这个故事，《说林》中收录了一些在必要性和实用性的总体思路下排列在一起的故事。让人感兴趣的是，《韩非子·说林》开篇讲成汤伐桀时，为了粉碎敌人的反抗，出于对国家利益的总体考虑，以轻视仁政的思想而威慑天下。古斯则因为准确理解了形势而得到个人的好处。"鲁国"篇第十五章的故事说明了研究某地区经济状况的必要性，此文也收录在了《韩非子·说林》中。确实，在南方的越国，如果人人出门都不怎么穿衣，光脚走路，那他们谁会需要鲁国人制作的鞋和衣物呢？制鞋匠和纺织女将会失业，因为他们不了解这个南方国家的市场情势就决定搬迁到越国。

"鲁国"篇第六章的故事大致讲的是公职阶层从多年的政治活动中吸取的主要教训之一：国家机关的职务也受到类似市场规律的因素，以及利益和需要的调节。必要的时候，国君会请很多人来做官，就像早间集市上那么多的商人；不需要他们了，就把这些官员都撤掉。这与国君个人的喜好无关，谭拾子对孟尝君说："……自古以来任免官员的制度就是这样，这是理之固然者"。按照《战国策》中的叙述，谭拾子的话说服了孟尝君，后者甚至削去了五百牒，上面想必写着自己受齐王压制的全部委屈。①

也有必要研究一下"齐国"篇的第二个故事，而且，《晏子春秋》的表述更完整地恢复了对该故事的传统理解。晏子遇见一个叫越石父的人，后者被卖作奴仆顶债，他的智慧震惊了晏子，使晏子对他保持

---

① 参看"鲁国"篇第十四章注。

十二国

礼遇。身为君子的晏子把小人物越石父尊为君子,认为他对自己有用而把他留在家中。这个故事《晏子春秋》比《十二国》叙述得更详细些,尤其是越石父解释自己的行为为什么看似奇怪这一部分。晏子听完这些话后,看到了他充满真理的面孔,理解了他的智慧,于是迈过阶级差异的门槛,恭敬地对待越石父。在《晏子春秋》中,晏子对越石父所言的反应更加明显,因此引用全文如下:"'臣闻之,士者诎乎不知已,而申乎知已,故君子不以功轻人之身,不为被功诎身之理。吾三年为人臣仆,而莫吾知也,今子赎我,吾以子为知我矣;向者子乘,不我辞也,吾以子为忘;今又不辞而入,是与臣我者同矣。我犹且为臣,请鬻于世。'晏子出,见之,曰:'向者见客之容,而今也见客之意。婴闻之,省行者不引其过,察实者不讥其辞,婴可以辞而无弃乎! 婴诚革之。'乃令粪洒改席,尊醮而礼之。越石父曰:'吾闻之,至恭不修途,尊礼不受摈。夫子礼之,仆不敢当也。'晏子遂以为上客。君子曰:俗人之有功则德,德则骄。晏子有功,免人于厄,而反诎下之,其去俗亦远矣。此全功之道也。"[1]看来,西夏文本实际上是按照《晏子春秋》的讲述一字不差地重复了这个故事的结尾。在这几句话中包含了整个故事的实质和对它的评价。如前所述,这里主要是强调了晏子具有超凡的美德这一优点。晏子的美德不仅在于他从危难中挽救了自己的同胞——从某种意义上讲,这是必须的,而且在于他作为君子去向一个地位比他低很多的普通仆役致敬,并尊其为君子。他这样做是因为越石父的智慧震惊了他,使他明白后者必须留在他家里。

中国古代传统认为,预测政治形势和事件发展的能力是比较重要的。《吕氏春秋》的作者指出,是否具有预见或预知的能力,这可以区别圣人与众人。[2]在《吕氏春秋》的这一篇中,对预知才能的总体论

---

①《晏子春秋》,《二十二子》,上海,1987年,第574页。
②参看《吕氏春秋》"恃君览观表篇",《二十二子》,上海,1987年。

断为讲述郇成子预言魏国将发生政治变革的才能作了开场白。这个故事实际上完全等同于"鲁国"篇第四章的故事。关于这种预知到底是什么,初步的解释是:"圣人之所以过人,以先知,先知必审征表。无征表而欲先知,尧舜与众人同等。征虽易,表虽难,圣人则不可以飘矣。众人则无道至焉。无道至则以为神,以为幸。非神非幸,其数不得不然。郇成子、吴起近之矣。"从这个片段中可以得出结论,预知可以带有完全实用的政治性,就像郇成子那样(《十二国》中的齐成子)。但是正如《中庸》所说,预知不是神秘的醒悟——至诚之道,可以前知。①真诚是最高认识的结果以及整顿家庭与国家的基础之一(诚者,天之道也)。②真诚也是儒家自我完善的结果,因而与最重要的美德之一——孝有紧密的联系。因此,政治生活中的无价品质是信奉自我完善的结果,也是孝这一总概念的组成部分。可以把这种统一视为儒家思想和要求政治实用主义之间更深入的统一。

《十二国》中还列入了对国君的训诫。"齐国"篇第一章讲述大臣弦章针对齐景公的言论,可以作为这种训诫的例子。弦章认为官员的品质与国君的道德水平及能力有关。如果国君昏庸而残暴(像景公一样),那官员就不可能忠诚。如果国君贤明(像桓公一样),那官员也会类似管仲。

因此,《十二国》收录的是与春秋战国时期某些口传史实有关的章节,这些章节有时以人物言论的形式表现出对事件的评价,包含了带有现实政治智慧的建议。这些建议出于实用主义立场,从具体利益考虑,也论述了政治家必备的品质——能进行预测,能看出人们具备何种对己有用的特点,在政治动荡时不灰心丧气。故事中的历史本身

---

①利雅各:《汉英对照四书》(James Legge. *The Four Books with English Translation and Notes. Shanghai*, 1930),第401页。

②上引书第311~312页。

不作为叙述的对象,但作为实用建议的背景。这种情况下,多半倾向于对具体历史情景进行抽象的叙述,超越了历史与时间的局限,可以说是获得了超时代的性质。这一系列实用的训诫和一组说明儒家美德的故事密切相关。对照这些故事,可以揭示出儒家学说与通常的政治实用主义之间具有深远的联系,政治实践得到了儒家的论证。反过来,儒教在形成时期还汲取了当时政治生活中的先例,不仅是把目光转向过去。此外,《十二国》的章节中还有一些故事与道家和法家的传统有关。用同样的态度介绍各种传统,这实际说明了它们在《十二国》成书时的地位平等,这让我们判定这部文献的成书时间是在战国时代或汉代初年。《十二国》的全部故事都以作者有趣、精彩、不同凡响的描写见长。整体上,《十二国》可以被认定为一本历史题材的实用训诫文集,而不是完整意义上的历史著作。

如果不研究《十二国》在西夏所发挥的作用,仅把它作为文学作品进行分析,那是不完整的。为了完成这项任务,必须从整体上研究我们现在所知道的,曾在西夏流传过的一系列中原文献。

译自汉文的作品可以分为几类:第一类是汉文典籍译本(《孝经》、《论语》、《孟子》);第二类是汉文军事著作译本(《孙子》、《六韬》、《三略》);第三类是各种劝世故事集,类似《新集慈孝记》或《德行集》;[1]第四类是各种非儒家的甚至是有反儒教倾向的伪书,像《孔子和坛记》。[2]因为《十二国》被确定为历史训诫类作品,因此它可列入第三类——劝世著作的译本。

《十二国》看来不是一本孤立的著作,该书是与另外一些描写中原生活方式与汉人智慧的作品同时公诸世上的,后者对汉人智慧的

---

①聂历山:《西夏语文学》,莫斯科,1960 年,第 1 卷,第 86~87 页。
②同上,第 87 页。

解释达到了流行的程度。正如已经指出的，《十二国》的训诫热点在于政治家的实用智慧，也就是以从政为目标；同时，性质上与之相似的作品《新集慈孝记》强调的是家庭生活的传统美德，其中最重要的就是孝。而且，这两部作品又彼此关联，其基础概念是政务应与个人家庭美德的水平相符。相应地，分类编写中原各种著名活动家（无论正面人物还是反面人物）故事的《类林》也属第三类作品，可以把《十二国》、《新集慈孝记》和《类林》算作一个系列。不妨假定，流传至今的这三部著作构成了一个统一的综合体，解释个人、家庭道德与政务的问题很受欢迎，并证实了日常生活中这些方面相互之间的紧密联系。这种综合可以用《大学》中的著名语句来解释："古之欲明明德于天下者，先治其国；欲治其国者，先齐其家；欲齐其家者，先修其身……"①

但是正如已经提到的，《十二国》在整体上不承载像《新集慈孝记》这样重的思想负荷：其主要内容仍然是实用的政治智慧和技巧，这些内容在稍晚的阶段才被赋予儒家本身的意义。《十二国》的大多数故事都持中庸思想，本身没有像《新集慈孝记》那样典型的劝世成分，这表明《十二国》与战国时期诸国林立的情况下存在的现实主义与实用主义传统有紧密联系。②该文献只能与其他本来就具有劝世性质的作品如《新集慈孝记》或《德行集》等综合在一起，才能起到劝世作品的作用。也只有这样，《十二国》的大部分故事才能从训诫方面加以解释。

类似上述从训诫角度阐释日常生活、个人道德和国家生活所有方面的文献汇编，只可能形成于儒家典籍《论语》、《孝经》、《孟子》在

---

①利雅各：《汉英对照四书》(James Legge. *The Four Books with English Translation and Notes*. Shanghai, 1930)，第360~361页。

②瓦西里耶夫：《战国策》(К.В.Васильев, Планы сражающихся царств, Москва, 1968)，第122页。

十二国

西夏确立了思想体系之后,或二者同时形成也是可能的。中原的学说首先被受教育阶层接受,而对于引用生活事例的流行文学,可能稍后才会需要。看来,既可以说《十二国》与高雅文献(儒家的经典作品)有些相符,也可以说它是趣味流行文学的统一体系,目的是从日常生活与实用主义的角度解释道德, 确定高尚道德品质的价值及其对个人成功的实际益处。对于类似的作品来说,把趣味阅读和训诫的特点相结合是非常重要的。很明显,《十二国》不符合这一要求。尽管从名称上看,它试图收集"战国七雄"和"春秋五霸"共十二个国家的材料,但《十二国》不是纯历史的著作。如前所述,这是一部在历史传说的基础上产生,反应中国早期史学传统的历史训诫故事集。这部作品被西夏采用,可能是考虑到为了从警世角度解释历史事件,就必须推广中原传统道德并使之流行开来。这样,《十二国》就被列入了通俗解释中原道德的文献汇编。这种文献汇编的形成与儒教在西夏的确立密切相关。

译 文

[西夏 12,132 号]

卷 上

齐 国

第二章(4~5页)

　　齐景公王①问子贡:"你的老师孔子十分贤德吗?" 子贡回答说:"是的,他十分贤德。"景公又问:"为什么呢?"子贡说:"我不知道。"景公说:"以前十分贤德的人(文字缺损,少两个字。——作者注),而你现在说不知道,原因在哪里呢?"子贡回答:"(文字缺损,少三个字。——作者注)有谁能丈量我们头上天空的高度呢? 不幸和幸运(文字缺损,少四个字。——作者注)的程度,谁又能意识到呢? 我学习老师的艺术,却因能力不够而中断了。我如何能衡量我老师神圣的业绩呢?一个口渴的人去喝海水,他喝饱后就不再喝了,那他如何得知大海的深广呢?"景公说:"你对老师真是景仰啊!"(文字缺损,少一个字。——作者注)子贡说:"如果你合上手掌,想抬高一座山,那就会是这样(文字缺损,少五六个字。——作者注。我老师这个人哪,就好像是泰山。我用双手捧一抔土撒在上面,对它来说简直是微不足道的,并不因我撒这一抔土而使它增高分毫;我用双手从它上面捧走一抔土,对它来说

---

　　①在《十二国》的章节中,几乎所有国君都被称为王,尽管实际上不是这样。他们受赐的真正封号是个人名字的一部分。我们的译文保留了作品的这一特点。

也是微不足道的,根本算不上有什么损失。这是明摆着的道理。我不赞美他,他也是那样峨峨然;我赞美他,他还是那样巍巍然。——译注)。"①

第三章(5~7页)

魏文侯派蔡毋择为使臣,去给齐王献一只鹤(文字缺损,少一个字。——作者注)。蔡毋择走到半路,该给鹤喂食了。结果准备喂食时,蔡毋择失手放走了鹤。有个叫郭拿的人捡到后把鹤献给了大王。蔡毋择来到齐国(文字缺损,少两个字。——作者注)说:"我受天子所派来到贵国,是为了给大王献鹤(文字缺损,少一个字。——作者注),在途中给鹤喂食时我把它弄丢了。我不敢另买一只鹤(文字缺损,少一个字。——作者注)。如果我用相似的东西代替礼品,不会有好处。此外,我也不敢为了隐瞒这件事而去往他乡(文字缺损,少一个字。——作者注),如果两位大王相互间不传递(文字缺损,少三四个字。——作者注),这确实没有任何益处。尽管我没有能力自杀(文字缺损,少四个字。——作者注),并将成为那种不再被起用的人,但就这个原因把礼物(鹤)换成其他东西(文字缺损,少四个字。——作者注)我还是不敢。因此才会是郭拿来给您献鹤,请大王考虑一下这件事!"齐王说:"我现在听到的这些话,胜过我得到一只鹤。请和我一起用膳。我还要赐给你十里地。"毋择谢绝说:"大王,我只是被派来向您献礼的官员,但没把事情

①译者注:本章译文参考《说苑·善说》——赵简子问子贡曰:"孔子为人何如?"子贡对曰:"赐不能识也。"简子不说曰:"夫子事孔子数十年,终业而去之,寡人问子,子曰'不能识',何也?"子贡曰:"赐譬渴者之饮江海,知足而已。孔子犹江海也,赐则奚足以识之?"简子曰:"善哉,子贡之言也!"齐景公谓子贡曰:"子谁师?"曰:"臣师仲尼。"公曰:"仲尼贤乎?"对曰:"贤。"公曰:"其贤何若?"对曰:"不知也。"公曰:"子知其贤而不知其奚若,可乎?"对曰:"今谓天高,无少长愚智皆知高,高几何?皆曰不知也,是以知仲尼之贤而不知其奚若。"

办好。如果现在我得到奖励，那就是把过失变成了功劳。我真的不敢接受奖励(文字缺损，少一个字。——作者注)。"①

第四章(7~8页)

齐景公有一匹心爱的马(名贵的。——作者注)死了(文字缺损，少四个字。——作者注)，他想杀掉马夫。晏子听说了这件事就去见他(文字缺损，少三个字。——作者注)，"我给您列数一下罪过，以便您了解清楚后再下令处死有罪之人。"晏子拿着剑，开始在大王面前细数罪状："大王的马夫(养马的人。——作者注)有罪。因为马死了，所以他应当死。他迫使大王因为死了心爱的马就杀人——他也应当死。此外，这还破坏了我们大王的好名声——诸侯会认为，大王惜马而不爱人(文字缺损，少三个字。——作者注)。由于这些罪状，所以他应当死。"晏子(文字缺损，少四个字。——作者注)，景公感到羞愧，知道了不应该杀人(文字缺损，少四个字。——作者注)。②

---

①译者注：本章译文参考《说苑·奉使》——魏文侯使舍人毋择献鹄于齐侯，毋择行道失之，徒献空笼。见齐侯，曰："寡君使臣毋择献鹄，道饥渴，臣出而饮食之，而鹄飞冲天，遂不复反。念思非无钱以买鹄也，恶有为其君使，轻易其币者乎？念思非不能拔剑刎头，腐肉暴骨于中野也，为吾君贵鹄而贱士也。念思非不敢走陈蔡之间也，恶绝两君之使。故不敢爱身逃死，来献空笼。唯主君斧质之诛。"齐侯大悦，曰："寡人今者得兹言，三贤于鹄远矣。寡人有都郊地百里，愿献子大夫以为汤沐邑。"毋择对曰："恶有为其君使而轻易其币，而利诸侯之地乎？"遂出不反。

②译者注：本章译文参考《说苑·正谏》——齐景公有马，其圉人杀之。公怒，援戈将自击之。晏子曰："此不知其罪而死，臣请为君数之，令知其罪而杀之。"公曰："诺。"晏子举戈而临之，曰："汝为吾君养马而杀之，而罪当死；汝使吾君以马之故杀圉人，而罪又当死；汝使吾君以马故杀人闻于四邻诸侯，汝罪又当死。"公曰："夫子释之，勿伤吾仁也。"

十二国

第五章（8~10页）

　　齐景公深夜来到晏子家，满心希望和他一起喝酒。晏子尽量穿戴整齐，出门问大王："难道诸侯国有事情发生吗？还是哪位大臣唆使大王造反？什么原因使您在不适当的时候亲自大驾光临呢？"景公说："想和您一起坐下来尽情享受一下（文字缺损，少三个字。——作者注）。"晏子说："这难道合乎礼法吗？我不敢承受这种话（文字缺损，少三个字。按与后面类似的阐述补足文本。——作者注）。"景公离开后又去了司马穰苴的家里。（文字缺损，少三个字。——作者注）后者持剑出门问道："难道诸侯国有事情发生吗？还是哪位大臣唆使大王造反？什么原因使您在不适当的时候亲自大驾光临呢？"景公回答说："我想和您一起喝酒享受一下。"穰苴说："这难道合乎礼法吗？我不敢承受这种话。"景公离开后又去梁丘据家（此处少三个字。人物名字是根据后面的叙述和汉文底本补足的。——作者注）。丘据手持乐器上前演奏（文字缺损，少三个字。——作者注）。景公说："破坏与优点（并存。——译者注）。如果没有这两位大臣（晏子和司马穰苴。——作者注），怎么可能治理国家呢？但若没有这一位（丘据。——作者注），我又如何能满足享乐呢？"①

---

　　①译者注：本章译文参考《晏子春秋·内篇杂上》——景公饮酒，夜移于晏子，前驱款门曰："君至！"晏子被元端，立于门曰："诸侯得微有故乎？国家得微有事乎？君何为非时而夜辱？"公曰："酒醴之味，金石之声，愿与夫子乐之。"晏子对曰："夫布荐席，陈簠簋者，有人，臣不敢与焉。"公曰："移于司马穰苴之家。"前驱款门，曰："君至！"穰苴介胄操戟立于门曰："诸侯得微有兵乎？大臣得微有叛者乎？君何为非时而夜辱？"公曰："酒醴之味，金石之声，愿与将军乐之。"穰苴对曰："夫布荐席，陈簠簋者，有人，臣不敢与焉。"公曰："移于梁丘据之家。"前驱款门，曰："君至！"梁丘据左操瑟，右挈竽，行歌而出。公曰："乐哉！今夕吾饮也。微此二子者，何以治吾国；微此一臣者，何以乐吾身。"君子曰："圣贤之君，皆有益友，无偷乐之臣，景公弗能及，故两用之，仅得不亡。"

第六章(11页)

　　齐桓公和大臣们正在喝酒,管仲来了,拿起酒喝了又吐掉。桓公问:"这难道合乎礼法吗？" 管仲说:"如果酒不苦,那喝酒就是坏毛病。坏毛病对身体(健康。——作者注)不好。对身体不好的还有(文字缺损,少三个字。——作者注)。喝得酩酊大醉就不可能拥有美德了。"桓公说:"是这样。你⋯⋯"(文字缺损,少一个字,因此未能复原桓公反驳的话。——作者注)①。

第七章(11~13页)

　　齐桓公深夜坐在宫里,举着一支带几道光尾的火把,等候贤者的光临。几年过去了,贤者一个也没来。有一天,从东边来了一个老百姓(地位卑微的人。——作者注),到王宫门口面见大王。桓公问:"你有什么本事？"这个人(文字缺损,少两个字。——作者注)回答:"我会九九算术。"桓公说:"太少(文字缺损,少四个字。——作者注),为什么贤者会来晋见呢？"这个人说:"我的本事很一般(不多不少。——作者注)。大王您不得不举着火把坐在宫里,但贤者都不来。原因是什么呢？因为全国各地的贤者都不能与您相比,他们真的不敢来。如果您现在因我这小小的本事而提升我,那比我强得多的贤者就会亲自来。我听说,大山不扔掉一块小石头,因此变得坚硬,大海不放弃一条小河,因此而宏大。请听我一言。"桓公

---

　　①译者注:本章译文参考《说苑·敬慎》——齐桓公为大臣具酒,期日中。管仲后至,桓公举觞以饮之,管仲半弃酒。桓公曰:"期而后至,饮而弃酒,于礼可乎？"管仲对曰:"臣闻酒入舌出,舌出者言失,言失者身弃。臣计弃身不如弃酒。"桓公笑曰:"仲父起就座。"

说:"好!"于是提拔了这个人。不到一年,桓公身边就聚集了全国各地的所有贤人。①

第八章(13~14页)

齐景公登上一座高高的露台,放眼四周说:"很早以前,在我的祖先桓公时期,国家只有马车八百乘,但各国君王俯首称臣。现在我有马车一千乘,却不能与先祖相比——因为没有管仲。"大臣弦章走到大王跟前,俯身说:"我听说,水深则鱼肥,王智则臣贤。古时桓公在世时提拔了管仲。如果桓公现在还活着,莫非所有的国家大臣都不能与管仲相比吗?"于是景公感到很羞愧。②

第九章(14~17页)

有一次,齐国大夫晏子离开齐国,看到一个穿着兽皮的人。他背靠着树,坐在路边休息。晏子很体谅地询问他。这个齐国人说:"我叫越石父。""您为什么会这样呢?"他回答说:"我是被人卖到这里的(也就是秦国。——作者注)。"晏子解下了自己马车左边的一匹马,这个

---

①译者注:本章译文参考《说苑·尊贤》——齐桓公设庭燎,为士之欲造见者,期年而士不至。于是东野鄙人有以九九之术见者,桓公曰:"九九何足以见乎?"鄙人对曰:"臣非以九九为足以见也,臣闻主君设庭燎以待士,期年而士不至。夫士之所以不至者,君,天下贤君也;四方之士,皆自以论而不及君,故不至也。夫九九,薄能耳,而君犹礼之,况贤于九九乎?夫太山不辞壤石,江海不逆小流,所以成大也。诗云:'先民有言,询于刍荛。'言博谋也。"桓公曰:"善。"乃因礼之。期月,四方之士相携而并至。诗曰:"自堂徂基,自羊徂牛。"言以内及外,以小及大也。

②译者注:本章译文参考《说苑·尊贤》——齐景公伐宋,至于岐堤之上,登高以望,太息而叹曰:"昔我先君桓公,长毂八百乘以霸诸侯,今我长毂三千乘,而不敢久处于此者,岂其无管仲钦!"弦章对曰:"臣闻之,水广则鱼大,君明则臣忠;昔有桓公,故有管仲;今桓公在此,则车下之臣尽管仲也。"

人就和他一起走了。他们回到齐国,进到了晏子家。这时候越石父很生气地说:"我走了。"晏子说:"我和您本是外人,素不相识。现在您不满意我把您从贫困和痛苦中解救出来,还说'马上就走'。这是为什么呢?" 石父说:"如果您和一个人认识,就会清楚地想象他的状况。现在您帮了我,也就是知道了我的状况。我到您家来了,您却不能用我做事,所以我要走。"晏子说:"一开始我只看见您的面容,现在我明白了您的思想。"于是留下了他。晏子待他如客人,极其尊重。贤者说:"世上的人们不应当无情地对待一个人,如果他有优点的话。晏子救人于危难,还屈尊降贵,因此又比其他人更胜一筹。"①

第十章(17~19页)

　　齐国大臣田成子与古斯登上神台,观看四周的一切。向三个方向看景致都很好,往南却什么也看不见。古斯家的房子被树草遮挡,因此看不见。田成子一句话也没说,心里却想砍掉这棵树。古斯知道他的想法,回家后立刻下令砍掉这棵树,但随即取消了命令。下人问他:"为何这么快就取消了命令?"古斯说:"古人生活比较简单。现在

---

　　①译者注:本章译文参考《晏子春秋·内篇杂上》——晏子之晋,至中牟,睹敝冠反裘负刍息于涂侧者,以为君子也,使人问焉。曰:"子何为者也?"对曰:"我越石父者也。"晏子曰:"何为至此?"曰:"吾为人臣,仆于中牟,见使将归。"晏子曰:"何为至仆?"对曰:"不免冻饿之切吾身,是以为仆也。"晏子曰:"为仆几何?"对曰:"三年矣。"晏子曰:"可得赎乎?"对曰:"可。"遂解左骖以赠之,因载而与之俱归。至舍,不辞而入,越石父怒而请绝。晏子使人应之曰:"吾未尝得交夫子也。子为仆三年,吾乃今日睹而赎之。吾于子尚未可乎?子何绝我之暴也?"越石父对之曰:"臣闻之,士者诎乎不知己,而申乎知己,故君子不以功轻人之身,不为彼功诎身之理。吾三年为人臣仆,而莫吾知也。今子赎我,吾以子为知我矣;向者乘,不我辞也,吾以子为忘;今又不辞而入,是与臣我者同矣。我犹且为臣,请鬻于世。"晏子出,见之曰:"向者见客之容,而今也见客之意。婴闻之,省行者不引其过,察实者不讥其辞,婴可以辞而无弃乎!婴诚革之。" 乃令粪洒改席,尊醮而礼之。越石父曰:"吾闻之,至恭不修途,尊礼不受摈。夫子礼之,仆不敢当也。" 晏子遂以为上客。

田成子势力增强了,准备干大事,其他人大概也知道。现在他一句话没说,我就砍掉这棵树,说明我洞察了他的心思。没有比知道别人的秘事更大的灾难了。"之后田成子发动叛乱,古斯逃过一劫。书中说道:"隐藏自己的知识和智慧而免受危害的人就是古斯。"①

第十一章(19~20页)

齐国的鲍叔死了,管仲哭个不停,非常痛苦。下人问他:"您怎会因为某个人而痛不欲生呢?"管仲说:"你会明白吗?我原是鲁国的一名军官,与敌人作战三次都失败了,但鲍叔不认为我懦弱无能,因为他知道我有位母亲(我怕阵亡)。后来鲍叔又三次帮我去面见大王,但大王不听我说话。鲍叔不认为我不聪明,因为他知道,是圣明的大王不想听我说话。后来我和鲍叔去南阳做生意,我们之间分食物和用品时,我拿走大部分,鲍叔不认为我贪婪,因为他知道我穷。生我者父母,知我者鲍叔也。我能不为知己的死而痛哭吗?"②

第十二章(20~21页)

齐景公知道晏子死了,很害怕,想快点赶到停放尸首的地方。他

---

①译者注:本章译文参考《韩非子·说林上》——隰斯弥见田成子,田成子与登台四望。三面皆畅,南望,隰子家之树蔽之。田成子亦不言。隰子归,使人伐之。斧离数创,隰子止之。其相室曰:"何变之数也?"隰子曰:"古者有谚曰:'知渊中之鱼者不祥。'夫田子将有大事,而我示之知微,我必危矣。不伐树,未有罪也;知人之所不言,其罪大矣。"乃不伐树也。

②译者注:本章译文参考《说苑·复恩》——鲍叔死,管仲举上衽而哭之,泣下如雨,从者曰:"非君父子也,此亦有说乎?"管仲曰:"非夫子所知也,吾尝与鲍子负贩于南阳,吾三辱于市,鲍子不以我为怯,知我之欲有所明也;鲍子尝与我有所说王者,而三不见听,鲍子不以我为不肖,知我之不遇明君也;鲍子尝与我临财分货,吾自取多者三,鲍子不以我为贪,知我之不足于财也。生我者父母,知我者鲍子也。士为知己者死,而况为之哀乎!"

想坐车去,原打算慢点走,就下令不要着急。景公犹豫了两次,三次坐上马车又三次下车走路(他想尽快赶去。——译者注)。来到晏子家,跪在晏子的尸首旁痛哭,悲伤地叫喊:"老天爷降临给齐国的幸运为什么不落在我身上,而落在了晏子身上啊?看来,老天爷是准备利用晏子的死毁掉齐国呀!"①

第十三章(21~22页)

齐国发生了大饥荒。富人黔敖把食物摆在路边,分发给饥饿的人。一个饥饿的人走向路边,一只手捂住脸,来到黔敖面前。黔敖右手拿着喝的,左手分发吃的,嘴里说:"我出于仁慈才不惜粮食喂养大家……"那位饿者放下手,看了一眼黔敖,愤愤地说:"当别人说仁慈的时候,我绝对不吃他们给的食物,这才来到此处。你的食物我也不会吃的。"这位饿者说完就死了。后来,黔敖为了赎罪,再也没敢在此地进行施舍。曾子说:"一开始,饿者说仁慈不是怜悯,这符合该情况。后来,如果黔敖想赎罪,就应当继续供养大家。"②

---

①译者注:本章译文参考《说苑·君道》——齐景公游于菟,闻晏子卒。公乘舆素服,驿而驱之,自以为迟,下车而趋,知不若车之速,则又乘。比至于国者,四下而趋,行哭而往矣。至,伏尸而号曰:"子大夫日夜责寡人不遗尺寸,寡人犹且淫佚而不收,怨罪重积于百姓。今天降祸于齐国,不加寡人而加夫子,齐国之社稷危矣,百姓将谁告矣?"

②译者注:本章译文参考《礼记·檀弓下》——齐大饥,黔敖为食于路,以待饿者而食之。有饿者蒙袂辑屦,贸贸然来。黔敖左奉食,右执饮,曰:"嗟!来食!"扬其目而视之,曰:"予唯不食嗟来之食,以至于斯也。"从而谢焉,终不肯食而死。曾子闻之,曰:"微与!其嗟也可去,其谢也可食。"

后 齐

第一章 (23~24页)

后齐的建立者是陀公陈毛,陈厉公之子,名他。当陈宣公杀死太子之后,公说:"我怕这事也会轮到我。"他逃到了齐国。齐桓公认为他忠诚爽直,赐名西昌。公改陈氏为田氏,被任命管理齐国最重要的国务。到田和时,田和把齐康公放逐海边,自立为齐君,赐号后齐侯。他的孙子成齐威王,并与其他诸侯国为争夺霸主封号而战。田什(田婴)的儿子田文被提拔,得到孟尝君的名号。到齐湣王时,燕国攻占了齐国,但齐国后来重新回到齐湣王手中。到齐王建时,王贲奉秦王之命灭了齐国,后齐的国名就消失了。①

第二章 (24~26页)

齐王知道各国的人都夸奖孟尝君比他更优秀,就撤了孟尝君的官职。孟尝君的门客冯谖对孟尝君说:"我现在到秦国去,回来的时候您会得到比以前更高的官职。"于是冯谖就到秦国去了。他告诉秦王:

---

①译者注:本章译文参考《史记·田敬仲完世家》——陈完者,陈厉公他之子也……宣公十一年,杀其太子御寇。御寇与完相爱,恐祸及己,完故奔齐。齐桓公欲使为卿,辞曰:"羁旅之臣幸得免负檐,君之惠也,不敢当高位。"桓公使为工正……完卒,谥为敬仲。仲生稚孟夷。敬仲之如齐,以陈字为田氏……庄子卒,子太公和立。田太公相齐宣公……太公乃迁康公于海上,食一城,以奉其先祀……康公之十九年,田和立为齐侯,列于周室,纪元年……威王初即位以来,不治,委政卿大夫。九年之间,诸侯并伐,国人不治……淖齿遂杀湣王,而与燕共分齐之侵地卤器……襄王在莒五年,田单以即墨攻破燕军,迎襄王于莒,入临淄。齐故地尽复属齐……十九年,襄王卒,子建立……四十四年,秦兵击齐……秦房王建,迁之共。遂灭齐为郡。

"齐国的孟尝君被取消了官职。"又说:"我听说这个孟尝君是个聪明能干的人。如果能把他召来,那所有的国家都会臣服于您。"秦王听了这些话就想接纳孟尝君。冯谖回到齐国对齐王说:"秦王派人来邀请孟尝君,想任命他当大官。我听说,如果这个人到了秦国,所有的国家都会臣服于秦王。请恢复孟尝君原来的官职,再赐给他比以前更多的俸禄和粮食吧。"齐王听了这些话就召见孟尝君,重新委以重任,并在以前封邑的土地之上又增加了千户。[①]

第三章(26~32 页)

齐国田单是齐王的一位远亲。他的父亲性格激烈而愚蠢。田单早年曾在安平收租。燕国拜乐毅为大将,进攻齐国,齐国惨败。湣王带着儿子躲在莒城。田单和齐国百姓坚守即墨城。人们推举田单主持即墨的事务。燕国占领了齐国七十二座城池,只有聊城、莒城和即墨未被攻下。燕军围城攻打即墨(久攻不下)。田单知道,乐毅不会受骗,就派人到燕国造谣说:"乐毅占领了七十二座城池,留下两座不攻

---

①译者注:本章译文参考《史记·孟尝君传》——齐王惑于秦、楚之毁,以为孟尝君名高其主而擅齐国之权,遂废孟尝君。诸客见孟尝君废,皆去。冯驩曰:"借臣车一乘,可以入秦者,必令君重于国而奉邑益广,可乎?"孟尝君乃约车币而遣之。冯驩乃西说秦王曰:"天下之游士冯轼结靷西入秦者,无不欲强秦而弱齐;冯轼结靷东入齐者,无不欲强齐而弱秦。此雄雌之国也,势不两立为雄,雄者得天下矣。"秦王跽而问之曰:"何以使秦无为雌而可?"冯驩曰:"王亦知齐之废孟尝君乎?"秦王曰:"闻之。"冯驩曰:"使齐重于天下者,孟尝君也。今齐王以毁废之,其心怨,必背齐;背齐入秦,则齐国之情,人事之诚,尽委之秦,齐地可得也,岂直为雄也!君急使使载币阴迎孟尝君,不可失时也。如有齐觉悟,复用孟尝君,则雌雄之所在未可知也。"秦王大悦,乃遣车十乘黄金百镒以迎孟尝君。冯驩辞以先行,至齐,说齐王曰:"天下之游士冯轼结靷东入齐者,无不欲强齐而弱秦;冯轼结靷西入秦者,无不欲强秦而弱齐者。夫秦齐雄雌之国,秦强则齐弱矣,此势不两雄。今臣窃闻秦遣使车十乘载黄金百镒以迎孟尝君。孟尝君不西则已,西入相秦则天下归之,秦为雄而齐为雌,雌则临淄、即墨危矣。王何不先秦使之未到,复孟尝君,而益与之邑以谢?孟尝君必喜而受之。秦虽强国,岂可以请人相迎之哉!折秦之谋,而绝其霸强之略。"齐王曰:"善。"乃使人至境候秦使。秦使车适入齐境,使还驰告之,王召孟尝君而复其相位,而与其故邑之地,又益以千户。

破，是因为他本人想掌管那里。"这时候燕昭王已经死了，田单派去的人就面见已继位的燕惠王。这位惠王十分相信谗言，就罢免了乐毅大将之职，另派骑劫代替。乐毅悲愤之下投奔了赵国。田单听到这一消息，十分高兴。他知道骑劫不适合做大将，很容易被欺骗，就派人散布谣言说："如果毁掉城外的坟墓，把尸骨乱扔，城里的人就会投降。"骑劫听了这些话，就挖了坟墓，并把死尸焚烧。齐国人看到此情景，义愤填膺，坚决请求出城拼杀。田单又派人去骗骑劫说："要是把所有齐国战俘的鼻子和耳朵割去，城里人必定会归顺。"骑劫听了这些话就照此施行。因此，城里的人都更加坚定，要同敌人作战，谁也不愿归顺。于是田单知道出战的时机到了。他分发了奖赏，下令说："让我们一起同甘共苦。年轻力壮者先藏在城内，老弱者走上城墙假装投降。"燕军很高兴，全都喊"万岁"。田单暗中收集了四五百头牛，并给它们裹上红绸，绸子上描绘着龙蛇图案。在公牛的角上绑好刀剑，把浸有可燃物的芦苇绑在牛尾上，让它们藏在道路的各个方向。夜半时分，田单点燃牛尾上的芦苇，把牛赶出来。田单的将士们开始击鼓赶牛。被火焰包裹的牛向前奔去，踩死不少燕军。燕军遭受重创。齐军壮士从后方进攻燕军。骑劫害怕被杀，逃到了河岸边。燕军悉数被俘或阵亡，七十二座城池被齐国收复。这时湣王已经死了，在莒城继承王位的是齐襄王。因为田单功勋卓著，被封为安平君。①

──────────

①译者注：本章译文参考《史记·田单列传》——田单者，齐诸田疏属也。湣王时，单为临菑市掾，不见知。及燕使乐毅伐破齐，齐湣王出奔，已而保莒城。燕师长驱平齐，而田单走安平，令其宗人尽断其车轴末而傅铁笼。已而燕军攻安平，城坏，齐人走，争涂，以辖折车败，为燕所虏。唯田单宗人以铁笼故得脱，东保即墨。燕既尽降齐城，唯独莒、即墨不下。燕军闻齐王在莒，并兵攻之。淖齿既杀湣王于莒，因坚守距燕军，数年不下。燕引兵东围即墨。即墨大夫出与战，败死。城中相与推田单，曰："安平之战，田单宗人以铁笼故得全，习兵。"立以为将军，以即墨距燕。顷之，燕昭王卒，惠王立，与乐毅有隙。田单闻之，乃纵反间于燕，宣言曰："齐王已死，城之不拔者二耳。乐毅畏诛而不敢归，以伐齐为名，实欲连兵南面而王齐。齐人未附，故且缓攻即墨以待其事。齐人所惧，唯恐他将之来，即墨残矣。"燕王以为然，使骑劫代乐毅。乐毅因归赵，燕

第四章 (32~33 页)

　　齐靖郭君想修建薛城。门客们劝他不要这样，但他不听。有个人来见他说："我可以对您说三句话吗？如果多说一句，您就可以杀死我。"于是准许他进到宫里。他对靖郭君说："海大鱼。"然后转身就走。靖郭君派人请他回来，问这句话是什么意思。他说："难道天子不像一条大鱼吗？渔网捞不住它，钓钩钓不动它，但如果把它拖出水面，它就会变成蚂蚁的食物。齐国对于您来说就像水。如果您有了齐国，难道还一定要薛城的土地吗？如果您离开了齐国，那还要薛城的土地干什么呢？"靖郭君想了想他的话，就下令终止修城。①

人士卒忿。而田单乃令城中人食必祭其先祖于庭，飞鸟悉翔舞城中下食。燕人怪之。田单因宣言曰："神来下教我。"乃令城中人曰："当有神人为我师。"有一卒曰："臣可以为师乎？"因反走。田单乃起，引还，东乡坐，师事之。卒曰："臣欺君，诚无能也。"田单曰："子勿言也！"因师之。每出约束，必称神师。乃宣言曰："吾唯惧燕军之劓所得齐卒置之前行与我战，即墨败矣。"燕人闻之，如其言。城中人见齐诸降者尽劓，皆怒，坚守惟恐见得。单又纵反间曰："吾惧燕人掘吾城外冢墓，僇先人，可为寒心。"燕人尽掘垄墓，烧死人。即墨人从城上望见，皆涕泣，俱欲出战，怒自十倍。田单知士卒之可用，乃身操版插，与士卒分功。妻妾编于队伍之间，尽散饮食飨士。令甲卒皆伏，使老弱女子乘城，遣使约降于燕，燕军皆呼万岁。田单又收民金得千镒，令即墨富豪遗燕将，曰："即墨即降，愿无掳吾族家妻妾，令安堵。"燕将大喜，许之。燕军由此益懈。田单乃收城中得千余牛，为绛缯衣，画以五彩龙文，束兵刃于其角，而灌脂束苇于尾，烧其端。凿城数十穴，夜纵牛，壮士五千人随其后。牛尾热，怒而奔燕军，燕军夜大惊。牛尾炬火光明炫耀，燕军视之，皆龙文，所触尽死伤。五千人因衔枚击之，而城中鼓噪从之，老弱皆击铜器为声，声动天地。燕军大骇，败走。齐人遂夷杀其将骑劫。燕军扰乱奔走，齐人追亡逐北，所过城邑，皆畔燕而归。田单兵日益多，乘胜，燕日败亡，卒至河上，而齐七十余城皆复为齐。乃迎襄王于莒，入临灾而听政。襄王封田单，号曰安平君。

　　①译者注：本章译文参考《战国策·齐策一》——靖郭君将城薛，客多以谏。靖郭君谓谒者，无为客通。齐人有请者曰："臣请三言而已矣！益一言，臣请烹。"靖郭君因见之。客趋而进曰："海大鱼。"因反走。君曰："客有于此。"客曰："鄙臣不敢以死为戏。"君曰："亡，更言之。"对曰："君不闻大鱼乎？网不能止，钩不能牵，荡而失水，则蝼蚁得意焉。今夫齐亦君之水也。君长有齐阴，奚以薛为？夫齐，虽隆薛之城到于天，犹之无益也。"君曰："善。"乃辍城薛。

第五章(33~35 页)

楚国举兵攻打齐国。齐威王派淳于髡去请求军事援助,给了他二百两黄金和十乘马车(作为借军的偿付)。淳于髡笑了起来。天子问其缘由。回答说:"我来王宫的路上碰到一个祭天的人。他手里拿着一只叫喳喳的鸡和一碗浑酒向老天爷要求说:'请赐予甘露吧,请让我得到美德和财富吧,让我的仓库堆满粮食,让我成为十分幸运和品德高尚的人吧!'我知道,这个人付出很少(祭品微薄)却要求很多,就笑了。"齐王明白了他的话,就增加了黄金、白银和马车。这样,淳于髡才来到赵国。赵王即刻派兵来帮助齐国。楚国军队听说后,就吓得撤军了。①

第六章(35~38 页)

楚王任命上柱国将军、令尹昭阳为大将攻打魏国。他攻占了魏国的八座城邑,回国途中又攻打齐国。齐王很忧虑。此时,陈轸恰好作为秦国的使臣来到齐国。齐王与陈轸讨论楚军进攻的事情,陈轸说:"请让我去一趟!"他当即去对昭阳说:"如果您率楚国大军打败敌军、杀死敌将,会得到什么样的封赏?"昭阳说:"柱国和令尹之职。"陈轸说:"令尹是可以想到的最高官位,再没有比它更高的了。让我给您讲个故事作对比吧,有人赏给自己的下人们一壶酒。下人们说:'这壶酒太

---

①译者注:本章译文参考《史记·滑稽列传》——威王八年,楚大发兵加齐。齐王使淳于髡之赵请救兵,赍金百斤,车马十驷。淳于髡仰天大笑,冠缨索绝。王曰:"先生少之乎?"髡曰:"何敢!"王曰:"笑岂有说乎?"髡曰:"今者臣从东方来,见道旁有禳田者,操一豚蹄,酒一盂,祝曰:'污邪满车,五谷蕃熟,穰穰满家。'臣见其所持者狭而所欲者奢,故笑之。"于是齐威王乃益赍黄金千镒,白璧十双,车马百驷。髡辞而行,至赵。赵王与之精兵十万,革车千乘。楚闻之,夜引兵而去。

少，不够大家喝。让每个人在地上画一条蛇，谁先画完，就赏给谁喝。'于是，每个人都开始在地上画蛇。一个人说：'我先画好了。'当他要喝酒时，又说：'我再给这条蛇添上脚。'于是，他给他画的蛇添上了脚。这时又有一个人画好了蛇，夺过他的酒说：'蛇本来没有脚，你画的不是蛇。'您现在已经打败了魏国，夺取了八座城池，这已经是很大的功劳了。但在返回途中您又进攻齐国。就算取胜，您也不可能得到更高的官职；而如果失败，您将在战斗中丧生，您的士兵也回不了家。这对楚国又有什么好处呢？这两件事就像不应当画蛇添足一样。将军，请用心想想我的话吧。"昭阳说："您说得对。"就退兵回楚国了。①

第七章(39~40页)

　　齐国的孟尝君问白圭："魏文王比齐桓公更有名气，但他未能称霸五国。为什么呢？"白圭回答说："魏文王是卜子夏的学生，田子方的好朋友，他敬重段干木。因此他的名声超过桓公。但魏成子提拔亲信位列高官。文王未能成为霸主，就是因为他赞成任人唯亲，破坏了美德与礼法。文王的名望超过桓公是因为他得到了三位贤人相助。

---

　　①译者注：本章译文参考《史记·楚世家》——楚使柱国昭阳将兵而攻魏，破之于襄陵，得八邑，又移兵而攻齐，齐王患之。陈轸适为秦使齐，齐王曰："为之奈何？"陈轸曰："王勿忧，请令罢之。"即往见昭阳军中，曰："愿闻楚国之法，破军杀将者何以贵之？"昭阳曰："其官为上柱国，封上爵执珪。"陈轸曰："其有贵于此者乎？"昭阳曰："令尹。"陈轸曰："今君已为令尹矣，此国冠之上。臣请得譬之。人有遗其舍人一卮酒者，舍人相谓曰：'数人饮此，不足以遍，请遂画地为蛇，蛇先成者独饮之。'一人曰：'吾蛇先成。'举酒而起，曰：'吾能为之足。'及其为之足，而后成人夺之酒而饮之，曰：'蛇固无足，今为之足，是非蛇也。'今君相楚而攻魏，破军杀将，功莫大焉，冠之上不可以加矣。今又移兵而攻齐，攻齐胜之，官爵不加于此；攻之不胜，身死爵夺，有毁于楚：此为蛇为足之说也。不若引兵而去以德齐，此持满之术也。"昭阳曰："善。"引兵而去。

如果任命这三人为大官,那么君王不可能不成为五国霸主。" ①

第八章(48~51页)

　　齐王任命田单为大将去攻打狄部落。田单进军途中遇见鲁仲子,后者对田单说:"您去攻打狄必定失败,不会取胜的。"田单说:"以前我曾歼灭燕军十万,扩充了齐国的边界,不明白现在为什么不能打败狄?"结果田单攻打时应验了仲子的话。他攻打了三个月都没取胜,于是退兵了。他问仲子:"尊敬的先生,您说过我战胜不了狄,为什么?"仲子回答:"将军您以前在即墨时,坐下来就编草鞋,站起来就拿着铲子干活。当时的将领们准备战死,士兵们也不惜生命,因此燕国的军队才被打败了。现在军官们在东边的掖城和西边的临淄城享乐,他们不想死,战士们也没有自我牺牲精神,因此您不可能打败狄。"田单说:"真是一位可敬的长者!"他立刻亲自上战场,冒死作战,亲手击鼓,迫使军队作战,这才打败了狄。②

―――――――――――――

　　①译者注:本章译文参考《新序·杂事四》——孟尝君问于白圭曰:"魏文侯名过于桓公,而功不及五伯,何也?"白圭对曰:"魏文侯师子夏,友田子方,敬段干木,此名之所以过于桓公也。卜相则曰成与黄孰可,此功之所以不及五伯也。以私爱妨公举,在职者不堪其事,故功废。然而名号显荣者,三士翊之也。如相三士,则王功成,岂特霸哉?"
　　②译者注:本章译文参考《战国策·齐策六》——田单将攻狄,往见鲁仲子。仲子曰:"将军攻狄,不能下也。"田单曰:"臣以五里之城,七里之郭,破亡余卒,破万乘之燕,复齐墟。攻狄而不下,何也?"上车弗谢而去。遂攻狄,三月而不克之也。齐婴儿谣曰:"大冠若箕,修剑拄颐,攻狄不能,下垒枯丘。"田单乃惧,问鲁仲子曰:"先生谓单不能下狄,请闻其说。"鲁仲子曰:"将军之在即墨,坐而织蒉,立则丈插,为士卒倡曰:'可往矣!宗庙亡矣!云曰尚矣!归于何党矣!'当此之时,将军有死之心,而士卒无生之气,闻若言,莫不挥泣奋臂而欲战,此所以破燕也。当今将军东有夜邑之奉,西有甾上之虞,黄金横带,而驰乎淄、渑之间,有生之乐,无死之心,所以不胜者也。"田单曰:"单有心,先生志之矣。"明日,乃厉气循城,立于矢石之所,乃援桴鼓之,狄人乃下。

第九章(51~54页)

齐国的徐君平因容颜十分漂亮而出名。邹忌沐浴后,穿戴上漂亮的衣帽问自己的妻子:"我和徐君平谁更漂亮?"妻子说:"你比徐君平漂亮。"然后邹忌又问自己的下人这个问题,同样听到自己比徐君平漂亮的话。后来邹忌又问自己的一位门客,也听到同样的话。邹忌开始怀疑:"妻子夸我是因为顺从我。下人夸我是因为怕我。客人夸我是因为想通过我发财。"邹忌认为自己不能与徐君平漂亮的官相相比,因此去见齐王。他对齐王说:"因为我的妻子顺从我,下人怕我,客人想通过我发财,所以他们全都说我比徐君平漂亮。现在王宫里没有不顺从大王的妃子,国内没有不怕大王的官员,所有国家的客人没有不想从大王这儿得到点好处的。那些说这种话的人(说奉承话的人)是最坏的人。请大王您想一想。"于是齐王颁布了一道命令:"如果大臣或官员每天指出我的过失,我给予他们重奖。如果他们能及时劝诫并经常告知我的过错,那么一年之后就应当没有过错了。"①

---

① 译者注:本章译文参考《战国策·齐策一》——邹忌修八尺有余,身体昳丽。朝服衣冠窥镜,谓其妻曰:"我孰与城北徐公美?"其妻曰:"君美甚,徐公何能及公也!"城北徐公,齐国之美丽者也。忌不自信,而复问其妾曰:"吾孰与徐公美?"妾曰:"徐公何能及君也!"旦日,客从外来,与坐谈,问之客曰:"吾与徐公孰美?"客曰:"徐公不若君之美也。"明日,徐公来。孰视之,自以为不如;窥镜而自视,又弗如远甚。暮寝而思之,曰:"吾妻之美我者,私我也;妾之美我者,畏我也;客之美我者,欲有求于我也。"于是入朝见威王曰:"臣诚知不如徐公美,臣之妻私臣,臣之妾畏臣,臣之客欲有求于臣,皆以美于徐公。今齐地方千里,百二十城,宫妇左右,莫不私王;朝廷之臣,莫不畏王;四境之内,莫不有求于王。由此观之,王之蔽甚矣!"王曰:"善。"乃下令:"群臣吏民,能面刺寡人之过者,受上赏;上书谏寡人者,受中赏;能谤议于市朝,闻寡人之耳者,受下赏。"令初上,群臣进谏,门庭若市。数月之后,时时而间进。期年之后,虽欲言,无可进者。燕、赵、韩、魏闻之,皆朝于齐。此所谓战胜于朝廷。

十二国

第十章(54~55页)

齐王想出兵攻打魏国。淳于髡劝他:"我听说一只小狗韩子卢追兔子东郭逡。追了三座山和五个峡谷,兔子在前面跑累了,狗也在后面追累了。两只累死的动物被一位农夫拣走,没费吹灰之力。如果齐魏两国开战,士兵们将陷于苦难,非常疲惫。我想,秦国将增强力量,就像那位农夫一样,而我们的力量会削弱,就像疲劳的兔子和狗。如果我们真的互相折磨得衰弱无力,那只能臣服于秦国。"齐王听从劝告,停止了进攻。①

第十一章(55~56页)

孟尝君受齐王猜忌被降职。他家里有很多门客。孟尝君很气愤。谭拾子对孟尝君说:"自古任免官员就是这样。如果秩序是这样,那就有提拔和降职。这可以和市场相比较:市场白天人很多,晚上就空了,不是因为人们白天喜欢它,晚上恨它。如果有需求,自然就有市场,需求满足了,市场自然就消失了。这二者都从属于一个规律(即市场与招收官员。——作者注)您想想这个就不会愤怒了。"孟尝君说:"是这样。"②

---

①译者注:本章译文参考《战国策·齐策四》——齐欲伐魏。淳于髡谓齐王曰:"韩子卢者,天下之疾犬也。东郭逡者,海内之狡兔也。韩子卢逐东郭逡,环山者三,腾山者五,兔极于前,犬废于后,犬兔俱罢,各死其处。田父见而获之,无劳倦之苦,而擅其功。今齐、魏久相持,以顿其兵,弊其众,臣恐强秦、大楚承其后,有田父之功。"齐王惧,谢将休士也。

②译者注:本章译文参考《战国策·齐策四》——孟尝君逐于齐而复反,谭拾子迎之于境,谓孟尝君曰:"君得无有所怨齐士大夫?"孟尝君曰:"有。""君满意杀之乎?"孟尝君曰:"然。"谭拾子曰:"事有必至,理有固然,君知之乎?"孟尝君曰:"不知。"谭拾子曰:"事之必至者,死也;理之固然者,富贵则就之,贫贱则去之。此事之必至,理之固然者。请以市谕。市,朝则满,夕则虚,非朝爱市,而夕憎之也。求存故往,亡故去。愿君勿怨。"孟尝君乃取所怨五百牒削去之,不敢以为言。

鲁 国

第一章(56~57 页)

鲁国的周公旦是周文王的儿子,周成王的叔叔。因为这位周公辅助成王有功,成王就让周公的儿子伯禽做了鲁地的小王,鲁国因此得名。①

第二章(57~59 页)

鲁惠王死后,继承人允年纪还小。大家决定举荐惠公妾室声子的儿子息,并让他成为隐公。他的亲戚公子翚对这位隐公说:"所有人都为您的晋升而高兴。如果我为您去杀掉继承人允如何?"隐公说:"难道有这样的法律吗?以前的大王是因为继承人允年幼,才命我临时担当一国之主。现在继承人已经长大了,我准备把国家还给他。"公子翚害怕继承人会知道他说的话,就在继承人面前诽谤隐公说:"隐公打算害您。必须尽快除掉他。让我为您去杀掉隐公,如何?"继承人相信了他的话。公子翚杀死了隐公。继承人允成为大王并得到了国家。这

---

①译者注:本章译文参考《史记·鲁周公世家》——周公旦者,周武王弟也……其后武王既崩,成王少,在襁褓之中。周公恐天下闻武王崩而畔,周公乃践祚代成王摄行政当国……于是卒相成王,而使其子伯禽代就封于鲁。周公戒伯禽曰:"我文王之子,武王之弟,成王之叔父,我于天下亦不贱矣。"

就是桓公。①

第三章(59页)

　　鲁国的公父文伯死了。他的两位妻子也自杀了。文伯的母亲非常生气,也不哭泣。她的家人惊奇地问:"您的儿子死了,您却不哭,这是为什么呢?"母亲回答说:"我想了一下:我儿子一死,他两位妻子就自杀,于是明白了,儿子对生养自己的父母不是很忠诚,而对自己的妻子们却非常忠实。因此我不哭。"②

第四章(60~61页)

　　鲁国的子张与鲁哀公见面。这位哀公不尊重子张。于是子张就给众大臣讲了一个故事:"诸位,我听说鲁王喜欢贤人,所以才不远千里而来,但大王不尊重我。鲁王现在喜欢贤人,就像楚国的叶公喜欢龙一样。在这位叶公家里,大门上,房间里,厅堂中,游廊上,到处画满了和龙相像的物体。天上的龙听说这件事,就飞到他家里。见到真龙,叶公吓得喘不过气来。这位叶公不喜欢真正的龙,只喜欢像龙的东西。

---

　　①译者注:本章译文参考《史记·鲁周公世家》——四十六年,惠公卒,长庶子息摄当国,行君事,是为隐公。初,惠公适夫人无子,公贱妾声子生子息。息长,为娶于宋。宋女至而好,惠公夺而自妻之。生子允。登宋女为夫人,以允为太子。及惠公卒,为允少故,鲁人共令息摄政,不言即位。十一年冬,公子翚谄隐公曰:"百姓便君,君其遂立。吾请为君杀子允,君以我为相。"隐公曰:"有先君命。吾为允少,故摄代。今允长矣,吾方营菟裘之地而老焉,以授子允政。"翚惧子允闻而反诛之,乃反谮隐公于子允曰:"隐公欲遂立,去子,子其图之。请为子杀隐公。"子允许诺。十一月,隐公祭钟巫,齐于社圃,馆于蒍氏。翚使人弑隐公于蒍氏,而立子允为君,是为桓公。

　　②译者注:本章译文参考《战国策·赵策》——公甫文伯官于鲁,病死,妇人为之自杀于房中者二八。其母闻之,不肯哭也。相室曰:"焉有子死而不哭者乎?"其母曰:"孔子,贤人也。逐于鲁,是人不随。今死,而妇人为死者十六人。若是者,其于长者薄而于妇人厚。"

就像鲁王现在喜欢贤人一样,也只是空的,并非真正喜欢。"①

第五章(61~64页)

　　鲁王派齐成子出使晋国。当他途经卫国时,卫大夫宰毂臣邀请他到家里喝酒。奏乐的时候,宰毂臣并不高兴。齐成子告辞时,宰毂臣送给他一块用上好的软玉制成的璧。齐成子离开晋国后,又来到卫国,但绕过了这个地方(宰毂臣的家)。下人问他:"您和宰毂臣喝完酒后,他还送您玉璧。现在回去的时候,您却绕过此地。这是为什么呢?"他回答说:"我应当为被邀请喝酒而感到满足,但奏乐时宰毂臣并不高兴,因此给我表现出他苦难的处境,我不再去他家的原因就在于此。我离开时他送我玉璧,同时告诉我一些重要的话:'赠予保存,关注将来。'如果认真研究一下所有这些情况,就可以预见卫国将有大难。"之后,卫国宁喜起事杀死了宰毂臣。齐成子派人到卫国接走了宰毂臣的妻子,把她安置在自己家附近,分给她一些食品和用品。宰毂臣的孩子们长大以后,齐成子把那块玉璧还给了他们。孔子听到这件事后说:"智者就是能明白别人隐秘的事情。仁者能成为孤儿生活的依靠。人们会把东西交给品德高尚的人保存。齐成子就是这样的人。那位宰毂臣能预知卫国将发生灾难,他也是一位道德高尚的人。同样,齐成子知道这件隐秘的事,能够保存财物(玉璧。——作者

　　①译者注:本章译文参考《新序·杂事》——子张见鲁哀公,七日而哀公不礼。托仆夫而去,曰:"臣闻君好士,故不远千里之外,犯霜露,冒尘垢,百舍重研,不敢休息以见君。七日而君不礼,君之好士也,有似叶公子高之好龙也。叶公子高好龙,钩以写龙,凿以写龙,屋室雕文以写龙。于是天龙闻而下之,窥头于牖,施尾于堂。叶公见之,弃而还走,失其魂魄,五色无主。是叶公非好龙也,好夫似龙而非龙者也。今臣闻君好士,故不远千里之外以见君,七日而君不礼,君非好士也,好夫似士而非士者也。"

注),证明他具有大智慧。"①

第六章(64~65 页)

　　鲁国的宓子贱成为单父城的城主时,齐国军队侵入单父的领地。城里大小官员都对他说:"趁齐军未到之前,应让全城的人都出城去收割粮食,以免被敌人得到。"因为宓子贱不同意这样做,这些粮食就落到了齐军手里。鲁国大夫季孙听说这件事后很生气,就派人去骂宓子贱。宓子贱回答说:"尽管今年的粮食没能保全,但明年我们可以依靠庄稼人的力量重新播种。就算我们今年收割了所有的庄稼,如果因此丧失了所有的庄稼人和牲畜,到明年庄稼成熟的时候,我们就已经没有庄稼人和牲畜了,而敌人还可能再来。如果现在按其他官员建议的那样去做,将来是没有好处的。"听完宓子贱的话,这位使者在谈到季孙时说:"为什么我会为季孙感到羞愧,而为见到宓子贱而高兴呢?"②

---

　　①译者注:本章译文参考《吕氏春秋·恃君览》——邴成子为鲁聘于晋,过卫,右宰穀臣止而觞之。陈乐而不乐,酒酣而送之以璧。顾反,过而弗辞。其仆曰:"向者右宰穀臣之觞吾子也甚欢,今侯渫过而弗辞?"邴成子曰:"夫止而觞我,与我欢也。陈乐而不乐,告我忧也。酒酣而送我以璧,寄之我也。若由是观之,卫其有乱乎!"倍卫三十里,闻甯喜之难作,右宰穀臣死之,还车而临,三举而归。至,使人迎其妻子,隔宅而异之,分禄而食之。其子长而反其璧。孔子闻之,曰:"夫智可以微谋,仁可以托财者,其邴成子之谓乎!邴成子之观右宰穀臣也,深矣妙矣。不观其事而观其志,可谓能观人矣。"
　　②译者注:本章译文参考《孔子家语·屈节解》——孔子弟子有宓子贱者,仕于鲁,为单父宰……齐人攻鲁,道由单父,单父之老请曰:"麦已熟矣,今齐寇至,不及人人自收其麦。请放民出,皆获傅郭之麦,可以益粮,且不资于寇。"三请而宓子贱不听。俄而齐寇逮于麦。季孙闻之怒,使人以让宓子贱曰:"民寒耕热芸,曾不得食,岂不哀哉?不知犹可,以告者而子不听,非所以为民。"宓子蹵然曰:"今兹无麦,明年可树。若使不耕者获,是使民乐有寇。且得单父一岁之麦,于鲁不加强,丧之不加弱。若使民有自取之心,其创必数世不息。"季孙闻之,赧然而愧曰:"地若可入,吾岂忍见宓子哉?"

第七章（66 页）

鲁国大夫孟孙死了，臧孙为此痛哭不已。当他哭完后，下人问他："孟孙不过是您的宿敌，您却为他这样痛哭！季孙是您的老朋友，如果他死了，您会怎样哭呢？"臧孙说："孟孙对我的仇恨就像苦的药水，季孙对我的喜爱犹如身体上的重病。苦药让人充满活力，重病却在杀人。现在孟孙死了，我也就快死了。"①

第八章（67~70 页）

齐孝公率军攻打鲁国。鲁僖公很担忧，派大夫展喜去给齐军送酒食。展喜按照国相展禽的指示去见孝公，说："尽管我们得知大王您御驾亲征，来到我们小小的鲁国，但我们大王不愿用兵，因此派我来给您献上酒和食物。"孝公问："鲁王和老百姓怕我吗？"展喜说："凡人会害怕，君子怕什么呢？"孝公说："鲁国人很穷，仓库里空空如也，老天爷还带来干旱。你们凭什么不怕我呢？"展喜说："我们两国以前的君王曾经立誓，因此我们不怕。古代的太公和鲁周公（旦。——作者注）帮助过周成王，成王下令说：'让你们的子孙世世代代都不要互相造成危害。'因此他们俩服从命令，每个人都精心维护誓言的内容。你们的先主齐桓公成为诸侯的霸主后，仍遵守古老的誓言，使所有的国家安定。您现在继承了王位，依照先主的规章亲自来到小小的鲁国，看来是为巩固和平，是这样吧？您不可能置成王的命令不

---

①译者注：本章译文参考《左传·襄公二十三年》——孟孙卒……臧孙入，哭甚哀，多涕出。其御曰："孟孙之恶子也，而哀如是。季孙若死，其若之何？"臧孙曰："季孙之爱我，疾疢也；孟孙之恶我，药石也。美疢不如恶石。夫石犹生我，疢之美，其毒滋多。孟孙死，吾亡无日矣。"

顾,不听桓公的话来打仗,所以我们不怕。"孝公听完就羞愧地撤兵了。①

第九章(70~71页)

　　鲁国大夫季康子问子贡说:"从前,郑国的大夫子产死的时候,郑国人不打扮,不奏乐,老师和孩子们不唱歌。集市上到处都有人连哭三天。现在孔子死了,为什么鲁国人没这样做呢?"子贡回答:"子产与老师相比就像把沟渠和雨露相比。沟渠的水流到的地方,一切都活泛起来,因此人们喜欢生机勃勃的东西。而当天上下雨时,已经没有任何死的东西了,人们怎么会知道老天爷的厚意呢?老师的美意在各处流传,知道这一点的人又不存在,因此人们才不为他哭泣。"②

第十章(71~73页)

　　孔子游历到郑国时,看见丘吾子在哭,就问他为何哭泣。丘子说:"我遭受了三大损失,因而哭泣。年轻时我出外求学,到过很多地方,

---

①译者注:本章译文参考《左传·僖公二十六年》——齐孝公伐我北鄙。公使展喜犒师,使受命于展禽。齐侯未入竟,展喜从之,曰:"寡君闻君亲举玉趾,将辱于敝邑,使下臣犒执事。"齐侯曰:"鲁人恐乎?"对曰:"小人恐矣,君子则否。"齐侯曰:"室如县罄,野无青草,何恃而不恐?"对曰:"恃先王之命。昔周公、大公,股肱周室,夹辅成王。成王劳之,而赐之盟。曰:'世世子孙,无相害也。'载在盟府,太师职之。桓公是以纠合诸侯,而谋其不协,弥缝其阙,而匡救其灾,昭旧职也。及君即位,诸侯之望曰:'其率桓之功。'我敝邑用不敢保聚,曰:'岂其嗣世九年,而弃命废职,其若先君何?'君必不然。恃此以不恐。"齐侯乃还。
②译者注:本章译文参考《说苑·贵德》——季康子谓子游曰:"仁者爱人乎?"子游曰:"然。""人亦爱之乎?"子游曰:"然。"康子曰:"郑子产死,郑人丈夫舍玦珮,妇人舍珠珥,夫妇巷哭,三月不闻竽琴之声。仲尼之死,吾不闻鲁国之爱夫子,奚也?"子游曰:"譬子产之与夫子,其犹浸水之与天雨乎?浸水所及则生,不及则死。斯民之生也必以时雨,既以生,莫爱其赐,故曰譬子产之与夫子也,犹浸水之与天雨乎?"

后来失去了父母,我没有需要关怀的人了,这是第一大损失。我的知识渊博,志向高远,因此我不愿生活在行为准则衰败的国家。但现在我的诺言没有履行,我仍然生活在一个行为准则衰败的国家,这是第二大损失。年轻时早早地就挑选了新娘和亲戚,现在又不及时张罗寻找亲戚朋友,生活中没有依靠,这是第三大损失。树欲静而风不止。指望儿子关心的父母没能等到儿子归来。时间不会倒转,再也见不到父母了。"说完,丘子又哭起来,然后就死了。孔子对自己身边的人说:"应当好好想想这件事并记住它。"于是,十个学生中有两人告别老师,回家孝养父母去了。①

第十一章(73~74页)

孔子出游,看见一个人用网捕鸟,但只捉住几只黄嘴的小鸟。孔子问其缘由。捕鸟人说:"大鸟胆大,有经验,因此抓不住它们。小鸟贪图诱饵,因此容易被捉住。"孔子对自己的学生说:"这些话值得思考并记住。小心而有经验的人能避免灾难,贪图诱饵的人容易遭受不幸。人们因自身的行为而碰上灾难与幸运。"应仔细思考孔子的话,需要怎样做事。②

---

①译者注:本章译文参考《说苑·敬慎》——孔子行游中路,闻哭者声,其音甚悲。孔子曰:"驱之! 驱之! 前有异人音。"少进,见之,丘吾子也。拥镰带索而哭。孔子辟车而下问曰:"夫子非有丧也,何哭之悲也?"丘吾子对曰:"吾有三失。"孔子曰:"愿闻三失。"丘吾子对曰:"吾少好学问,周遍天下,还后吾亲亡,一失也;事君奢骄,谏不遂,是二失也;厚交友而后绝,三失也。树欲静风不定,子欲养乎亲不待。往而不来者,年也;不可得再见者,亲也。请从此辞。"则自刎而死。孔子曰:"弟子记之,此足以为戒也。"于是弟子归养亲者十三人。

②译者注:本章译文参考《说苑·敬慎》——孔子见罗者,其所得者皆黄口也。孔子曰:"黄口尽得,大爵独不得,何也?"罗者对曰:"黄口从大爵者不得,大爵从黄口者可得。"孔子顾谓弟子曰:"君子慎所从,不得其人,则有罗网之患。"

第十二章 (74~75页)

孔子遇见宋国人荣启,见他上了年纪,头发斑白,赤裸着身体,演奏音乐自娱自乐。孔子问:"尊敬的先生,您不年轻而且贫穷,能为什么而高兴呢?"荣启回答说:"我有三件高兴的事。天生万物,人受到尊敬,我得到了人的身体——这是一大乐事。在人之中,男人最受尊敬,我得到了男人的身体,这是其二。我的生命没有过早中止,现在我已经老了,这是第三件乐事。贫穷是君子的自然状态,死亡是人的终点。现在我处在自然状态中,等待自己的生命到达终点。我还担心什么呢?"①

第十三章 (75~77页)

有一次,鲁国的宓子贱到单父城担任城主,途中经过阳昼的家,正准备绕行时,阳昼对他说:"童年时我就早早地知道了贫穷和痛苦,但我研究过对人的管理。钓鱼的方法只有两种,我把他作为临别赠言告诉你:如果把带饵的钩直接放到水里,马上就来咬的——那是阳桥鱼。这种鱼的肉没味,不好吃。如果抖动鱼饵或把它埋进水中,那吞饵的就是鲂鱼。这种鱼的肉很美味。真应该想想这些话呀。"宓子贱听

---

①译者注:本章译文参考《列子·天瑞》——孔子游于太山,见荣启期行乎郕之野,鹿裘带索,鼓琴而歌。孔子问曰:"先生所以乐,何也?"对曰:"吾乐甚多:天生万物,唯人为贵,而吾得为人,是一乐也;男女之别,男尊女卑,故以男为贵,吾既得为男矣,是二乐也;人生有不见日月,不免襁褓者,吾既已行年九十矣,是三乐也。贫者士之常也,死者人之终也,处常得终,当何忧哉?"孔子曰:"善乎!能自宽者也。"

了这些话走了。他还没到单父城，就有一个人到途中欢迎他。宓子贱对他身边的下人说："这个来欢迎我的人，正好就像阳昼所说的阳桥鱼。"①

第十四章(77~78页)

子贡问孔子："现在的大夫中谁品德高尚？"孔子说："齐国的鲍叔和郑国的子皮。"子贡说："那是否意味着，齐国的管仲和郑国的子产都不高尚？"孔子说："我把能举荐有德之人的人称为品德高尚者。我只听说鲍叔举荐了管仲，子皮帮助子产得到了提拔。但我没听说别人推荐这两个人(子皮和鲍叔。——作者注)。"②

第十五章(78~79页)

鲁国有个会编鞋的人和他会织绸的妻子决定离开鲁国到越国去。有人对他们说："如果搬到越国，一定会变穷。"他们问："为什么？"那个人说："确实是这样，如果你编鞋，就应当被使用，但越国人都光脚走路(不穿鞋。——作者注)，你编的鞋有什么用途呢？你妻子会织绸，如果她织了绸就应当能使用。但这些布料卖给谁呢(文字缺失：

---

①译者注：本章译文参考《说苑·政理》——宓子贱为单父宰，过于阳昼，曰："子亦有以送仆乎？"阳昼曰："吾少也贱，不知治民之术。有钓道二焉，请以送子。"子贱曰："钓道奈何？"阳昼曰："夫扱纶错饵，迎而吸之者，阳桥也，其为鱼薄而不美。若存若亡，若食若不食者，鲂也，其为鱼也博而厚味。"宓子贱曰："善。"于是未至单父，冠盖迎之者交接于道。子贱曰："车驱之！车驱之！夫阳昼之所谓阳桥者至矣。"

②译者注：本章译文参考《说苑·臣术》——子贡问孔子曰："今之人臣孰为贤？"孔子曰："吾未识也。往者，齐有鲍叔，郑有子皮，贤者也。"子贡曰："然则齐无管仲，郑无子产乎？"子曰："赐，汝徒知其一，不知其二。汝闻进贤为贤耶？用力为贤耶？"子贡曰："进贤为贤。"子曰："然。吾闻鲍叔之进管仲也，闻子皮之进子产也，未闻管仲、子产有所进也。"

实质上说的是越国人大概不穿绸衣)？你们到了越国的土地上,怎么会不变穷呢？(以下文字保存不善,剩余一页半文字的译文与原文难以完全相符。)"①

第十六章(79~80页)

鲁文公派宓子贱去治理单父城时,宓子贱请求带一位抄录员去记载法律和规定。子贱办公时,总用胳膊肘去碰正在做记录的抄录员,使他无法认真书写,疲惫不堪(一个字的意思不清楚,可能是"拉扯"之意。——作者注)。而每当文字记录潦草时,宓子贱就对抄录员发火。抄录员心中愤恨,就回自己家去了。鲁文公听说这件事,对他周围的官员说:"宓子贱让我很难受,他没有取得任何成绩。"他对官员下令:"在整个单父的土地上,不允许因粗糙的(潦草的。——作者注)书写而受处罚。"②

---

①译者注:本章译文参考《韩非子·说林上》——鲁人身善织屦,妻善织缟,而欲徙于越。或谓之曰:"子必穷矣。"鲁人曰:"何也?"曰:"屦为履之也,而越人跣行;缟为冠之也,而越人被发。以子之所长,游于不用之国,欲使无穷,其可得乎?"

②译者注:本章译文参考《新序·杂事》——鲁君使宓子贱为单父宰,子贱辞去,因请借善书者二人,使书宓为教品。鲁君予之。至单父,使书,子贱从旁引其肘,书丑则怒之,欲好书则又引之。书者患之,请辞而去,归以告鲁君。鲁君曰:"子贱苦吾扰之。使不得施其善政也。"乃命有司无得擅征发单父,单父之化大治。故孔子曰:"君子哉子贱,鲁无君子者,斯安取斯?"美其德也。

卷　中

[西夏 12,133 号]

魏　国

第一章(1页)

　　魏文侯想出去打猎。观天象者(魏华？)(文字缺损，少一个字。
——作者注)说："将有大雨。"魏文侯坚持出行。侍从劝他说："风雨中
很难前进。"文侯说："我想打猎，如果错过今天，那就是不守信用。如
果有一天，很多(文字缺损，少一个字。——作者注)，听说我守信，所
有的人就会都想来我这里。"①

第二章(1~2页)

　　田需给魏王带来了好处。惠子对田需说："您是在努力给魏王带
来好处，但您应当和大王的所有臣子一起寻找利益。我以树为例给您
解释：数千人在种树，但一个人就可以拔掉树苗，树就死了。因此种树
难，拔掉容易。一个人存在于这种势力中，应当会有很多挖土拔苗的
人。"②

---

　　①译者注：本章译文参考《战国策·魏策一》——文侯与虞人期猎，是日饮酒乐，天雨。文侯
将出，左右曰："今日饮酒乐，天又雨，公将焉之？"文侯曰："吾与虞人期猎。虽乐，岂可不一会期
哉？"乃往，身自罢之。魏于是乎始强。
　　②译者注：本章译文参考《战国策·魏策一》——田需贵于魏王。惠子曰："子必善左右。今
夫杨，横树之则生，倒树之则生，折而树之又生。然使十人树杨，一人拔之，则无生杨矣。故以十
人之众，树易生之物，然而不胜一人者，何也？树之难而去之易也。今子虽自树于王，而欲去子
者众，则子必危矣。"

晋 国

第一章(2~3页)

　　晋国的唐叔虞是周武王的儿子。周武王让他当了唐地的小王。叔虞的儿子燮最先得到晋国大夫的封号。很多代人之后,静公时期,由于韩、赵、魏三位大王的行动,晋国被消灭,分为三国。①

第二章(3~5页)

　　晋大夫祁奚被任命为中军尉,因年迈请求退休。晋王问他:"谁代替您是可信的?"祁奚说:"解狐可以。"晋王反对说:"你们两人不是不友好吗?"祁奚说:"大王您问的是优点。我们是不友好,但这值得问吗?"晋王于是任命解狐为中军尉。解狐死后,晋王又问祁奚:"谁能胜任这一职位呢?"祁奚说:"祁午可以。"晋王问:"这不是您儿子吗?"祁奚说:"大王您问的是长处。他是我的儿子,值得问这个吗?"晋王于是任命祁午为中军尉。晋王赞许地大声说:"祁奚在推荐能胜任职位的人时,内举不避亲,外举不避仇,这证明他是一位忠诚而高尚的官员。"②

---

　　①译者注:本章译文参考《史记·晋世家》——晋唐叔虞者,周武王子而成王弟。初,武王与叔虞母会时,梦天谓武王曰:"余命女生子,名虞,余与之唐。"及生子,文在其手曰"虞",故遂因命之曰虞……静公二年,魏武侯、韩哀侯、赵敬侯灭晋后而三分其地。
　　②译者注:本章译文参考《左传·襄公三年》——祁奚请老,晋侯问嗣焉。称解狐,其仇也。将立之而卒。又问焉,对曰:"午也可。"于是羊舌职死矣,晋侯曰:"孰可以代之?"对曰:"赤也可。"于是使祁午为中军尉,羊舌赤佐之。君子谓:"祁奚于是能举善者矣。称其仇,不为谄;立其子,不为比;举其偏,不为党。《尚书》曰:'无偏无党,王道荡荡。'其祁奚之谓矣!"

第三章(5~6页)

晋文公和大臣们都坐在船上,观看水中进行的表演。文公大喊:"与可敬之人一起分享快乐是多么惬意呀!"船夫周尚用竹竿猛一撑船,对晋王说:"大王您并不珍惜可敬之人。"晋王说:"我宫里住着三千食客,难道我还不珍惜可敬之人吗?"周尚说:"鹤靠宽广的翅膀支撑。如果现在把住在大王宫里的客人与之相比,难道客人们不像帮助您上升的翅膀吗?但他们——却是脖子上的羽毛!"文公明白了,很羞愧,于是沉默不语。①

第四章(6~7页)

晋文公出宫时看见路上躺着一条大蛇。他认为这是不祥之兆,就回去了。他宣布施恩行善,分派职位。不到十天,有侍从做梦,梦见上天派人杀死了这条蛇, 杀蛇者还骂这条蛇说:"你怎么能出现在贤王的路上呢?"做了这个梦之后,晋文公就派人去看,发现这条蛇确实死了。晋文公说:"应当相信,不幸是尚未到来的幸运。"②

---

①译者注:本章译文参考《新序·杂事》——晋平公浮西河,中流而叹曰:"嗟乎! 安得贤士与共此乐者!"船人固桑进对曰:"君言过矣。夫剑产于越,珠产江汉,玉产昆山,此三宝者,皆无足而至。今君苟好士,则贤士至矣。"平公曰:"固桑,来!吾门下食客者二千余人,朝食不足,暮收市租,暮食不足,朝收市租。君尚可谓不好士乎?"固桑对曰:"今夫鸿鹄高飞冲天,然其所恃者六翮耳。夫腹下之毳,背上之毛,增去一把,飞不为高下。不知君之食客,六翮邪,将腹背之毳也?"平公默然而不应焉。

②译者注:本章译文参考《新序·杂事》——晋文公出猎,前驱曰:"前有大蛇,高如堤,阻道竟之。"文公曰:"寡人闻之,诸侯梦恶则修德,大夫梦恶则修官,士梦恶则修身,如是而祸不至矣。今寡人有过,天以戒寡人。"还车而反。前驱曰:"臣闻之:喜者无赏,怒者无刑。今祸福已在前矣,不可变,何不遂驱之?"文公曰:"不然。夫神不胜道,而妖亦不胜德。祸福未发,犹可化也。"还车反。宿斋三日,请于庙曰:"孤少牺不肥,币不厚,罪一也。孤好弋猎无度数,罪二也。孤多赋敛,重刑罚,罪三也。请自今以来者,关市无征,泽梁无赋敛,赦罪人,旧田半税,新田不税。"行此令未半旬,守蛇吏梦天帝杀蛇,曰:"何故当圣君道为?而罪当死。"发梦,视蛇臭腐矣。谒之,文公曰:"然。神果不胜道,而妖亦不胜德。奈何其无究理而任天也,应之以德而已。"

十二国

第五章(7~8页)

晋文公去沼泽打猎。一位捕鱼人劝他说:"如果鹅和鸭离开大海与江河,飞到一个小水塘,那就会落入网中。现在大王您离开王宫来到这里,难道您不知道这种情况吗?"文公听从劝告,回到王宫后就奖励这位捕鱼人。捕鱼人拒绝说:"如果大王崇拜上天,为世间服务,为神灵敬献供物,珍惜国家的贤人,减少劳役,依时令采取行动,那么大臣的能力就会增强。如果大王不这样做,就算给我再多的奖励,我也不敢接受。"①

第六章(8~9页)

晋文公去打猎,正在追一只动物。一位家住附近的老农从旁边经过,就劝他说,追寻猎物是犯罪。晋文公听劝回到了宫里。他对武子说:"今天我去打猎,虽然没打到猎物,但听到了良言。"武子说:"这个人现在哪里?"文公说:"他住在沼泽地。"武子说:"虽然他的话和您的愿望相符,但疏远这些提出忠告的人,则等同于偷窃。"于是文公派人去找这位老人,以礼待之。②

---

①译者注:本章译文参考《新序·杂事》——晋文公出田逐兽,砀入大泽,迷不知所出,其中有渔者,文公谓曰:"我若君也,道安从出,我且厚赐若。"渔者曰:"臣愿有献。"公曰:"出泽而受之。"于是遂出泽。公令曰:"子之所欲以教寡人者,何等也?愿受之。"渔者曰:"槛鹄保河海之中,厌而欲移徙之小泽,则必有丸缯之忧;鼋鼍保深渊,厌而出之浅渚,则必有罗网钩射之忧。今君逐兽,砀入至此。何行之太远也?"文公曰:"善哉!"谓从者记渔者名。渔者曰:"君何以名,为君尊天事地,敬社稷,固四国,慈爱万民,薄赋敛,轻租税者,臣亦与焉。君不敬社稷,不固四国,外失礼于诸侯,内逆民心,一国流亡,渔者虽得厚赐,不能保也。"遂辞不受。曰:"君前归国;臣亦反吾渔所。"

②译者注:本章译文参考《新序·杂事》——晋文公逐麋而失之,问农夫老古曰:"吾麋何在?"老古以足指曰:"如是往。"公曰:"寡人问子,子以足指,何也?"老古振衣而起曰:"一不意人君如此也,虎豹之居也,厌闲而近人,故得;鱼鳖之居也,厌深而之浅,故得;诸侯之居也,厌众而远游,故亡其国。诗云:'维鹊有巢,维鸠居之。'君放不归,人将君之。"于是文公恐,归遇栾武子。栾武子曰:"猎得兽乎?而有悦色!"文公曰:"寡人逐麋而失之,得善言,故有悦色。"栾武子曰:"其人安在乎?"曰:"吾未与来也。"栾武子曰:"居上位而不恤其下,骄也;缓令急诛,暴也;取人之善言而弃其身,盗也。"文公曰:"善。"还载老古,与俱归。

第七章(9~10页)

被晋文公任命为首席法官的李离在调查时因受蒙骗而错杀了一个人，他说："我本人该死。" 文公对其罪行作如下审判："官员有大小，罪行有轻重。此外，您的罪过不是在于最下面的官员吗？"李离说："官员领薪水，并不把它分给最下级的工作人员。现在我犯了法，杀了人——却把罪过转嫁给下层工作人员。官员们没听说过这样的法律！我是大王任命的首席法官，犯了法就应当死。"文公开导他说："我不能这样做。"但李离还是自杀了。①

第八章(10~11页)

晋文公攻打原城，决定三天占领它。三天过去了，原城没有投降。文公下令收兵。将军劝他说："我们进攻是因为以前原城人犯了大错。为什么退兵呢？"文公说："尽管应当占领原城，但我不想失信。"原城人听到这些话后主动投降，所有的小王也归顺了。这是因为文公虽然没有攻下原城，但守了信用。②

---

①译者注：本章译文参考《史记·循吏列传》——李离者，晋文公之理也。过听杀人，自拘当死。文公曰："官有贵贱，罚有轻重。下吏有过，非子之罪也。"李离曰："臣居官为长，不与吏让位；受禄为多，不与下分利。今过听杀人，傅其罪下吏，非所闻也。"辞不受令。文公曰："子则自以为有罪，寡人亦有罪邪？"李离曰："理有法，失刑当刑，失死当死。公以臣能听微决疑，故使为理。今过听杀人，罪当死。"遂不受令，伏剑而死。

②译者注：本章译文参考《韩非子·外储说左上》——晋文公攻原，裹十日粮，遂与大夫期十日。至原十日而原不下，击金戍鼓而退，罢兵而去。士有从原中出者，曰："原三日即下矣。"群臣左右谏曰："夫原之食竭力尽矣，君姑待之。"公曰："吾与士期十日，不去，是亡吾信。得原失信，吾不为也。"遂罢兵而去。原人闻曰："有君如彼其信也，可无归归附乎？"乃降公。卫人闻曰："有君如彼其信也，可无从乎？"乃降公。孔子闻而记之曰："攻原得卫者，信也。"

第九章（11~12页）

晋文公问叔向："什么人会给君王带来巨大的损害？"叔向说："追求财富和利益、不正确规劝的大臣和害怕受罚、不敢进言的小官。如果大王身边的人和官员心术不正，有德之人就不会来。这是真正的灾难。"于是文公下令："若为做好事来找我，即使将被惩罚的人，也不应当再受罚。"①

第十章（12~13页）

晋国的宣子想立宵为自己的继承人。智果说："宵没有瑶好。"宣子问："谁更诚实一些？"智果说："瑶的残忍在脸上，宵的残酷在心里。脸上的残忍是跛症，心里的残酷会导致国家灭亡。"宣子不听，于是看见了自己家族的灭亡。②

第十一章（13~14页）

延陵季子出使晋国。当他进入该国时，很惊讶，害怕地说："什么人这么坏呀？"来到国都后，他又吃惊地说："什么是强与弱呀？"进入王宫里，他惊奇地问："骚乱是怎样产生的呢？"随行的人问他何出此

---

①译者注：本章译文参考《新序·杂事五》——晋平公问于叔向曰："国家之患孰为大？"对曰："大臣重禄而不极谏，近臣畏罚而不敢言，下情不上通，此患之大者也。"公曰："善。"于是令国曰："欲进善言，谒者不通，罪当死。"

②译者注：本章译文参考《国语·晋语》——智宣子将以瑶为后，智果曰："不如宵也。"宣子曰："宵也很。"对曰："宵之很在面，瑶之很在心。心很败国，面很不害。瑶之贤于人者五，其不逮者一也。美鬓长大则贤，射御足力则贤，伎艺毕给则贤，巧文辩惠则贤，强毅果敢则贤。如是而甚不仁。以其五贤陵人，而以不仁行之，其谁能待？若果立瑶也，智宗必灭。"弗听。智果别族于太史为辅氏。及智氏之亡也，唯辅果在。

言。季子说："当我来到这个国家后，看见鸟巢都在很高的地方，就知道人有多坏了。我进入都城，看见老房子的墙体坚固，新房子的墙很薄弱，就看见了真正的强与弱。走进王宫，看见为大王做事的官员们，不同其他官员交换意见；所有官员都自己做自己的事，不劝诫大王，于是我清楚地看到了混乱的根源。"①

第十二章（14~15 页）

晋文公出兵攻打楚国。他梦见与楚王交战未能取胜，就俯身向楚王献上自己的脑髓供其食用。晋文公醒来后，认为这个梦不祥，就想退兵。范宣子说："其实这是个好梦。尽管大王您俯下了身体，但面朝上天，这是生的姿态。楚王面朝大地，这是死的姿势。楚王生食脑髓，必定会被软化。实际想想这种情况，当我们作战时，楚不可能消灭我。"文公很高兴，于是出战，消灭了楚军。②

第十三章（16~17 页）

晋文公问师旷："咎犯和赵简子谁更好一些？"师旷说："阳处父想为大王您做事。他去找咎犯，却三年也没能面见大王。之后他去找赵

---

①译者注：本章译文参考《说苑·政理》——延陵季子游于晋。入其境，曰："嘻！暴哉国乎！"入其都，曰："嘻！力屈哉国乎！"立其朝，曰："嘻！乱哉国乎！"从者曰："夫子之入晋境未久也，何其名之不疑也？"延陵季子曰："然。吾入其境，田亩荒秽而不休，杂增崇高，吾是以知其国之暴也。吾入其都，新室恶而故室美，新墙卑而故墙高，吾是以知其民力之屈也。吾立其朝，君能视而不下问，其臣善伐而不上谏，吾是以知其国之乱也。"

②译者注：本章译文参考《左传·僖公二十八年》——夏四月戊辰，晋侯、宋公、齐国归父、崔夭、秦小子慭次于城濮。楚师背酅而舍，晋侯患之。听舆人之诵曰："原田每每，舍其旧而新是谋。"公疑焉。子犯曰："战也！战而捷，必得诸侯，若其不捷，表里山河，必无害也。"公曰："若楚惠何？"栾贞子曰："汉阳诸姬，楚实尽之。思小惠而忘大耻，不如战也。"晋侯梦与楚子搏，楚子伏己而盬其脑，是以惧。子犯曰："吉。我得天，楚伏其罪，吾且柔之矣！"

简子，结果三天就出现在大王面前。如果咎犯不知道阳处父想干什么，那他就不聪明。如果他知道，但不呈报大王，那他就是不忠。如果他不敢告知他的愿望，那他就不是一个勇敢的人。别人和他讲话，他不听，那他也不聪明。如果根据这个来评价他们，那强弱的差别是很明显的。"①

第十四章（17~18页）

晋国的赵穿攻击灵公。赵宣子逃走后又回来，没有离开自己的国家。太史董狐说："这是宣子的罪过。"并记载下来。宣子说："攻击大王的是赵穿。我有什么罪？"董狐说："您是一位高官，您应当逃走，但回来后却没有阻止凶犯。那这是谁的罪过呢？"宣子悲伤地喊道："噢，我自己非常难过，应当付出代价！"孔子听到这件事，说："董狐不掩藏规定和行为，是一位可敬之人。宣子因罪而依法受罚。不管他以前是个多好的官员，但他逃到别国躲起来，难道可以免受惩罚吗？"②

第十五章（18~21页）

晋国进攻楚国。楚国的官员钟仪被抓住带到晋王面前。晋王释放了他。钟仪跪谢。大王问他："您在楚国是做什么的？"钟仪说："我是

---

①译者注：本章译文参考《说苑·善说》——晋平公问于师旷曰："咎犯与赵衰孰贤？"对曰："阳处父欲臣文公，因咎犯三年不达，因赵衰三日而达。智不知其士众，不智也；知而不言，不忠也；欲言之而不敢，无勇也；言之而不听，不贤也。"
②译者注：本章译文参考《左传·宣公二年》——乙丑，赵穿攻灵公于桃园。宣子未出山而复。大史书曰："赵盾弑其君。"以示于朝。宣子曰："不然。"对曰："子为正卿，亡不越竟，反不讨贼，非子而谁？"宣子曰："呜呼！《诗》曰：'我之怀矣，自诒伊戚。'其我之谓矣。"孔子曰："董狐，古之良史也，书法不隐。赵宣子，古之良大夫也，为法受恶。惜也，越竟乃免。"

个乐师。"大王问:"对于音乐艺术而言,才能意味着什么呢?"钟仪说:"这是我的先辈代代相传的技艺,不是我一个人的才能。"晋王给他一把琴。钟仪开始演奏南方国家的音乐,楚国的歌曲。之后晋王又问:"楚王现在做什么呢?"钟仪回答:"当小国的君王任命继承人时,会尊奉和颂扬老师。白天他来时,会思考一些有益而重要的事,晚上离去时,会留下一些诗作。别的我就不知道什么了。"晋王与大臣范文子讨论钟仪的话。范文子说:"尽管钟仪的国家正在遭受苦难,但据他所说,他们国家的官员仍然道德高尚。他们依照祖先的技艺演奏音乐,就不会忘记祖先。音律和谐符合国家的需要,就意味着国家的基础坚固。不忘祖先是仁慈。如果国家基础不动摇,就会产生信任。对君王的尊敬就是恭顺与忠诚。仁爱需要理解;信任应该保持;恭顺和忠诚是实际应当遵守的。由于事关重大,您现在派他回到楚国。我国应与楚国缔结和约!"晋王明白了这些话,就派钟仪回到楚国。楚王派公子辀到晋国。由于钟仪的话,两国议和了。①

第十六章(21~23页)

晋景公病了,一直不好,就派人到秦国请医生。秦王派医缓去医治晋景公。医生快来之前,景公做了一个梦:两个孩子(病魔)在聊天:"医缓现在要来晋国了,我们肯定会死。虽然看起来难免一死,但如果

---

①译者注:本章译文参考《左传·成公九年》——晋侯观于军府,见钟仪,问之曰:"南冠而絷者谁也?"有司对曰:"郑人所献楚囚也。"使说之,召而吊之,再拜稽首。问其族,对曰:"泠人也。"公曰:"能乐乎?"对曰:"先人之职官也。敢有二事?"使与之琴,操南音。公曰:"君王何如?"对曰:"非小人之所得知也。"固问之,对曰:"其为大子也,师保奉之,以朝于婴齐,而夕于侧也。不知其他。"公语范文子。文子曰:"楚囚君子也。言称先职,不背本也;乐操土风,不忘旧也;称大子,抑无私也;名其二卿,尊君也。不背本,仁也;不忘旧,信也;无私,忠也;尊君,敏也。仁以接事,信以守之,忠以成之,敏以行之,事虽大必济。君盍归之,使合晋楚之成?"公从之,重为之礼,使归求成……十二月,楚子使公子辰如晋,报钟仪之使,请修好结成。

我在上腹,你在下腹,那医生就既治不了你,也治不了我!"景公刚做完这个梦,医缓就来到了晋国。检查完毕,缓说:"大王的病有时在上腹,有时在下腹,针灸无从下手,放血也没有用。我虽是医生,也没有办法医治。"于是沉默不语。景公喊了一声:"多么优秀的医生啊!请遵照礼仪送他。"说完景公就死了。①

第十七章(23~24页)

晋文公死了,昭公继位。所有国家的高官都来晋国参加葬礼。葬礼结束后,他们想见新王。其中来自鲁国的前任大臣穆公子说:"我们想觐见新王,这不合礼仪。"晋国大臣叔向说:"现在大王身穿孝服,即使他想换装,但孝期还未结束。看见大王身着孝服,又重新哀悼哭泣——难道你们希望这样吗?"大臣们遵照穆子的话,没有觐见新王就离开了。②

---

①译者注:本章译文参考《左传·成公十年》——公疾病,求医于秦,秦伯使医缓为之。未至,公梦疾为二竖子,曰:"彼良医也。惧伤我,焉逃之?"其一曰:"居肓之上,膏之下,若我何?"医至,曰:"疾不可为也。在肓之上,膏之下,攻之不可,达之不及,药不至焉,不可为也!"公曰:"良医也!"厚为之礼而归之。六月丙午,晋侯欲麦,使甸人献麦,馈人为之。召桑田巫,示而杀之。将食,张;如厕,陷而卒。小臣有晨梦负公以登天,及日中,负晋侯出诸厕,遂以为殉。

②译者注:本章译文参考《左传·昭公十年》——既葬。诸侯之大夫欲见新君。叔孙昭子曰:"非礼也。"弗听。叔向辞之曰:"大夫之事毕矣,而又命孤,孤斩焉在衰绖之中,其以嘉服见,则丧礼未毕,其以丧服见,是重受吊也。大夫将若之何?"皆无辞以见。

卫 国

第一章(24~25页)

卫康叔是周公的弟弟,周成王的叔叔。成王让康叔当了卫地的小王,卫国因此得名。之后经过很多代人,在卫君角的时候,秦王胡亥在自己的领地消灭了卫国。①

第二章(25~27页)

弥子瑕曾是卫灵公最喜欢的人。子瑕的母亲病了,他悄悄乘坐大王的车去探望母亲。卫王说:"因为子瑕的母亲生病,他才不怕犯罪,悄悄坐车去探望她,这是少见的孝子。"后来,子瑕陪大王在花园散步。子瑕摘下一只桃,吃掉一部分,把剩下的桃献给大王。大王说:"子瑕把酸的部分吃掉,留下甜的一部分献给我。他恭顺又忠诚。"过了一段时间,大王痛恨子瑕,认为他是一个罪犯。大王说:"这个人以前恣意妄为,暗中坐我的车,之后自己吃东西,把剩桃给我——这是最严重的罪行。"人的心是不变的,改变它的只是爱与恨。因此,当大王喜欢他时,不管真话假话,大王都非常喜欢。如果大王仇恨他,即使所说的话没错,他也仍然会曲解。因此,君王的所有老师,开始做事和做完

①译者注:本章译文参考《史记·卫世家》——卫康叔名封,周武王同母少弟也……周公旦以成王命兴师伐殷,杀武庚禄父、管叔,放蔡叔,以武庚殷余民封康叔为卫君,居河、淇间故商墟……君角九年,秦并天下,立为始皇帝。二十一年,二世废君角为庶人,卫绝祀。

十二国

事情时,都应根据大王的爱憎小心权衡。①

第三章(27~29页)

　　卫灵公时,蘧伯玉没被任用,无才的弥子瑕却被提拔了。大夫史鳝想疏远子瑕,提拔伯玉。灵公不听。史鳝病重,临死前嘱咐自己的儿子:"我死以后,把我的尸体放到王宫的台阶上。为什么这样?因为我以前在那里的时候,不能让大王疏远子瑕,提拔伯玉。我想让大王的法律得到正确的施行。我死之后,不要安葬我的尸体,放到王宫的台阶上我就满足了。"灵公去哀悼他,看见尸体在台阶上,就又惊又怕地问起来。史鳝的儿子向灵公转达了父亲的话。灵公的脸色都变了:"如果大夫还活着,就会经常接近高尚的人,远离不贤之人。现在他虽然死了,但我不会忘记这些话。他用自己的尸首劝诫我,证明他是一个忠孝之人。"大王说完立即任命伯玉为大夫,疏远了弥子瑕。史鳝的尸身被移入厅中,大王又返回来按礼仪哀悼他。②

---

①译者注:本章译文参考《韩非子·说难》——昔者弥子瑕有宠于卫君。卫国之法:"窃驾君车者罪刖。"弥子瑕母病,人间往夜告弥子,弥子矫驾君车以出。君闻而贤之,曰:"孝哉!为母之故,忘其刖罪。"异日,与君游于果园,食桃而甘,不尽,以其半啖君。君曰:"爱我哉!忘其口味以啖寡人。"及弥子色衰爱弛,得罪于君,君曰:"是固尝矫驾吾车,又尝啖我以余桃。"故弥子之行未变于初也,而以前之所以见贤而后获罪者,爱憎之变也。故有爱于主,则智当而加亲;有憎于主,则智不当见罪而加疏。故谏说谈论之士,不可不察爱憎之主而后说焉。

②译者注:本章译文参考《新序·杂事》——卫灵公之时,蘧伯玉贤而不用,弥子瑕不肖而任事。卫大夫史鳝患之,数以谏灵公而不听。史鳝病且死,谓其子曰:"我即死,治丧于北堂。吾不能进蘧伯玉而退弥子瑕,是不能正君也,生不能正君者,死不当成礼,置尸于北堂,于我足矣。"史鳝死,灵公往吊,见丧在北堂,问其故?其子以父言对灵公。灵公蹴然易容,寤然失位曰:"夫子生则欲进贤而退不肖,死且不懈,又以尸谏,可谓忠而不衰矣。"于是乃召蘧伯玉,而进之以为卿,退弥子瑕。徙丧正堂,成礼而后返,卫国以治。

第四章 (29~30 页)

冬天很冷的时候,卫灵公派人去挖池塘。宛春劝大王说:"天冷时人的力量会因繁重的劳动而枯竭。"大王问:"难道天气很冷吗?" 宛春说:"大王你穿着用上好的毛和暖和的布做成的皮袄坐在宫里,怎么会感觉冷呢? 老百姓真的很冷。"大王马上下令停止劳动。侍从说:"大王,老百姓不知道冷,但知道是因为宛春而不用再劳动。他们一定把所有的灾难归咎大王,而把好事都算在宛春头上。"灵公说:"宛春是鲁国一个地位低下的人。糊涂的人不知道是我提拔了他。如果他们能知道这个,那任何人都会知道,宛春的善行是和我一样的。"①

第五章 (31~32 页)

卫兴公的继承人到神灵的祭坛去。途中有一条蛇缠在他马车的左车轮上。侍从说:"太子,快请下车叩拜。我听说,当蛇缠在太子的车轮上, 太子就能很快掌管国家了。" 太子说:"如果为人子想要国家, 那就意味着他不想让父亲安宁, 不遵守儿子的职责。如果我叩拜,那就是说我有得到国家的愿望。"当即就自杀了。贤者说:"卫国太子相信这些话,尚未叩拜就狐疑不定,说明他不聪明。他放弃儿子

---

①译者注:本章译文参考《新序·刺奢》——卫灵公以天寒凿池,宛春谏曰:"天寒起役,恐伤民。"公曰:"天寒乎?"宛春曰:"君衣狐裘,坐熊席,陬隅有灶,是以不寒,今民衣弊不补,履决不苴。君则不寒,民则寒矣。"公曰:"善。"令罢役。左右谏曰:"君凿池不知天寒,以宛春知而罢役,是德归宛春,怨归于君。"公曰:"不然。宛春,鲁国之匹夫,吾举之,民未有见焉,今将令民,以此见之。且春也有善,寡人有春之善,非寡人之善与?"灵公论宛春,可谓知君之道矣。

的责任,中断王位继承的亲属关系,说明他不遵循孝子之道。"①

第六章(32页)

卫懿公的大臣弘演有一次出使他国。之后,狄人进攻卫国杀死了懿公,吃了他的肉,只留下肝脏。弘演回来后,对着懿公的肝脏叩拜说:"大王在国内,有责任劝诫的官员却在国外。"他急忙抓起匕首,切开自己的肚子,把懿公的肝脏放进自己肚子就死了。贤者说:"弘演叩拜君主的肝脏……"②

---

①译者注:本章译文参考《新序·节士》——晋献公太子之至灵台,蛇绕左轮,御曰:"太子下拜。吾闻国君之子蛇,绕左轮者速得国。"太子遂不行,返乎舍。御人见太子,太子曰:"吾闻为人子者,尽和顺于君,不行私欲;恭严承命,不逆君安。今吾得国,是君失安也,见国之利而忘君安,非子道也;闻得国而拜其孽,非君欲也。废子道,不孝;逆君欲,不忠。而使我行之,殆欲吾国之危明也。"拔剑将死。御止之曰:"夫礼祥妖孽夭之道也;恭严承命,人之行也。拜祥戒孽,礼也;恭严承命,不以身根君,孝也。今太子见福不拜,失礼;杀身根君,失孝。从僻心,弃正行,非臣之所闻也。"太子曰:"不然,我得国,君之孽也。拜君之孽,不可谓礼。见礼祥而忘君之安,国之贼也,怀贼心以事国,不可谓孝。挟伪意以御天下,怀贼心以事君,邪之大者也,而使我行之,是欲国之危明也。"遂伏剑而死。君子曰:"晋太子徒御使之拜蛇,祥犹恶之,至于自杀者,为见疑于欲国也,己之不欲国以安君,亦以明矣。为一愚御过言之故,至于身死,废子道,绝祭祀,不可谓孝,可谓远嫌,一节之士也。"
②译者注:本章译文参考《韩诗外传》——卫懿公之时,有臣曰弘演者,受命而使。未反,而狄人攻卫。于是懿公欲兴师迎之。其民皆曰:"君之所贵而有禄位者,鹤也。所爱者,宫人也。亦使鹤与宫人战。余安能战!"遂溃而皆去。狄人至,攻懿公于荥泽,杀之。尽食其肉,独舍其肝。弘演至,报使于肝。辞毕,呼天而号。哀止,曰:"若臣者,独死可耳。"于是遂自刭,出腹实,内懿公之肝,乃死。桓公闻之曰:"卫之亡也,以无道也。今有臣若此,不可不存。"于是复立卫于楚丘。

［西夏 12,4173 号］

赵 国

第一章(1~2页)

　　赵简子问成傅:"大臣杨寔品德高尚而忠诚,为什么他有这些美德呢?"成傅说:"我不知道。"简子说:"你们之间很熟,你怎么不知道呢?"成傅回答说:"这个人性情常常在变,不可能说得很清楚。他十五岁时,个性单纯,品德高尚。二十岁时,他遵守礼仪,充满仁爱。三十岁时,他变得残忍、强硬而极端。当他四十岁时,他开始管理自己父亲的家族,使所有人对他都很有好感。不知道还将再过几个十年,这个人才能定性,因此我不知道。"①

---

　　①译者注:本章译文参考《孔子家语》——简子闻杨寔之贤。问于成傅。傅曰:"不知也。"简子曰:"子与之友,何不知也?"傅曰:"寔年十五,廉而不匿;年二十,善义且仁;三十,勇毅果决;四十,绥怀乡里,远人亲附不见。于今十年,为人数变,是以不知也。"

注　释

卷上

齐　国

本篇保存下来的第一个故事(1~3页)残损严重。此外,对其主要内容的解释在未流传下来的那部分作品中,是故事的结尾。因此我们认为可以不翻译这部分文字。①这个故事似乎讲的是齐魏之战。在这个故事中,我们弄清楚了主要人物齐顷公、锐司徒、辟司徒。司徒在当时可能不是本人的名字,而是因该人物的职位而产生的称呼。上述人物不可考。

第二章

故事不可考。

"齐景公王"(对历史人物和主人公的注释按照其在《十二国》中出现的顺序排列)——齐景公杵臼,公元前547年~前490年在位。因淫乱、残暴和不仁而出名,是一位压迫人民的君王。

"子贡"(公元前520年~前456年)——孔子的弟子,比孔子小三

---

①译者注:本章史料出自《左传·成公二年》:"齐师败矣。辟女子。女子曰:'君免乎？'曰:'免矣。'曰:'锐司徒免乎？'曰:'免矣。'曰:'苟君与吾父免矣,可若何。'乃奔。齐侯以为有礼。既而问之,辟司徒之妻也。予之石窌。"

十一岁。名叫端木赐,出生在卫国。积极从事政治活动。司马迁写道:"故子贡一出,存鲁,乱齐,破吴,强晋而霸越。"(详见《史记·仲尼弟子列传》,第2195~2200页。)

第三章

故事不可考。

"魏侯王"——魏斯(死于公元前396年),魏国的建立者。

"蔡毋择"——人物不可考。

"郭拿"——人物不可考。

第四章

《晏子春秋》中对该故事的叙述有少许异文(《二十二子》,上海,1987年,第561页)。

晏子,大夫晏婴(晏子)——与齐景公同时代的大臣,享有贤者的美誉。孔子对他的评价也相当高。晏子出生于莱州夷维地区(现山东登州)。这是个五谷不生的滨海之地。这个地方有晏子父亲——晏弱的领地。

第五章

故事勘同《晏子春秋》(《二十二子》,第573页)。

"司马穰苴"——齐国大夫,本名田穰苴。得到"司马"的称号是因为景公在位时他担任这一职务的时间很长。他是兵法行家,在与晋军及燕军的战斗中指挥过齐军。著有兵书《司马穰苴兵法》。

"梁丘据"——齐国大夫。

第六章

故事不可考。

"桓公"——齐桓公小白,公元前 685 年~前 643 年在位。是齐国一位伟大的君王。出生于姜姓家族。襄公在位时,于叛乱中逃往莒城。襄公死后,与公子纠争夺王位获胜。任用管仲和鲍叔,在齐国进行了一系列改革,之后齐国国力增强,成为霸主。公元前 651 年,桓公召集鲁、宋、卫、郑、许、曹等国在葵丘(今河南兰考县)相会,订立盟约。各国君王不得修坝拦截河渠(切断敌人的水源);不阻止邻国采购粮食;不改变嫡长继承原则;不废嫡立庶,以妾为妻;不杀大夫,举贤行善。

"管仲"——又名管夷吾(死于公元前 645 年)——齐国杰出的政治家。桓公在位时,对国家的政治经济生活进行了全面改革,因此齐国成为中原霸主。著有《管子》。

第七章

《说苑》中对该故事的叙述更详细一些(《丛书集成》第 2 册,第 76 页)。详细的汉文版本和西夏文本一样,都没有解释什么是"九九算术"。也许,与桓公谈话的人指的不是什么具体的方法,而是想用自己的话引起大王的注意。

第八章

"马车千乘之国"——也就是军事上的强国。

"弦章"——人物不可考。

"景公于是很羞愧"——桓公由于自己的才智,找到并起用了管仲,才嘱咐后人要求贤举贤,景公没有去做,因此感到羞愧。

第九章

这个故事有差别很大的两个版本:《史记》(第7册,第2135页)和《晏子春秋》(《二十二子》,第574页)中都有对该故事的叙述。《晏子春秋》中叙述晏子与越石父的谈话要详细得多,再没有别的地方提到过这个以及之后发生的事情。因此,根据《晏子春秋》和《史记》,晏子不仅把越石父带在身边,还为这个在某富有官员家待了三年的下人赎了身。据司马迁记载,越石父坐在路边,被黑色的绳子捆着;但按照《晏子春秋》中越石父本人的解释,他是自己把自己卖作下人,因为他不能忍受饥寒交迫的困苦。不知道为什么,晏子见到他就认为他是君子。

司马迁对越石父匆忙离开的解释实际上和《十二国》是相似的,《晏子春秋》对越石父言语的叙述更详细一些。

"越石父"——人物不可考。

第十章

该故事与《韩非子·说林》(《二十二子》,第1143页)中的记载无任何歧异。

"田成子"——齐国田氏家族的大夫,名叫陈成子,陈厉公之子。他又名田常,字恒,因此也叫田恒。

"田成子……准备干大事。"——公元前481年,田成子在齐国发动叛乱,杀死简公,立平公为王,本人为相。正如司马迁所说,从这一刻起,甚至更早,齐国的政权就从吕——太公的后代转到了田氏家族。被田成子杀死的简公残暴而荒淫,田成子以大斗借贷小斗收进(即多给少取)的方式得到了人民对自己的支持。田成子十分有名。人们甚至唱歌颂扬他:"老太太采芑菜呀,送给田成子!"公元前481年,田成子杀死简公后,害怕诸侯联合诛杀自己,就把在西部侵占的土地全部还给了鲁国和卫国,与晋国的韩、赵、魏三大家族签订盟约,在南方与宋和越达成协议,建立功德,施行赏赐,亲近百姓,因此齐国重新强大起来(《史记》第6册,第1883~1885页)。古斯说的"大事"正是公元前481年的叛乱。

"古斯"——人物不可考。

《韩非子》中讲述该故事时提到的隰斯弥是齐国大夫,大概是在隰(今山东省东部)有领地。①

第十一章

鲍叔,又名鲍叔牙,齐国大夫,管仲的朋友。(详见《鲁国篇》注,第十四章。)

管仲参与齐国的叛乱不在公子小白(后来的桓公)一方,而在公子纠一方,跟随后者逃到鲁国。公子纠死后,据司马迁记载,他曾入狱(见《史记·管晏列传》第2131~2132页),但没提及管仲曾担任鲁国的军官。确实,在管仲的传记中指出他逃跑过三次,但没多写别的。《说苑》中也有这个故事,讲管仲在南阳摆摊做生意,三次卑躬屈节,但鲍叔牙不认为他是懦夫。看来,管仲无意中曾被殴打。

---

①译者注:隰县在今山西省境内。

"南阳"——今河南省获嘉县北(齐国领土)。《说苑》(上海,1928年,第 13 页,《四部丛刊》本)记载,鲍叔牙和管仲曾沿街叫卖。

第十二章

故事不可考。

第十三章

故事不可考。

"齐国发生大饥荒。"——这里说的是公元前 403 年,晋国灭亡后,和韩、赵一起出现的魏国。这个国家最著名的君王是文侯,他在位时魏国成为了霸主,《十二国》中几次提到他。该国于公元前 225 年被秦军所灭。

后 齐

《十二国》的作者把公元前 379 年齐国最后一位君主齐康公死后在齐国从前的领土上出现的国家叫做后齐。公元前 379 年以后,势力增强的田氏家族夺取了齐国的政权。田氏本身源于陈国。

第一章

故事不可考。

"陀公陈毛,陈厉公之子,名他。"——据《史记》记载,后齐的建立者是陈完,陈厉公的儿子,被称为"陀"或"提"(参见《史记》第 6 册,第

十二国

1879 页及注)。不知道陈毛的名字源于何处——《史记》中未见记载。但是,把《十二国》中后来讲述的一些事件与《史记》中的叙述相对照,能确定《十二国》中的陀公陈毛指的正是陈完。陈完也叫敬仲完。公元前 708 年~前 700 年,厉公陀执掌陈国,因行为不成体统而声名狼藉(参见《史记·陈世家》,第 103~104 页)。

"陈宣公杀死太子。"——宣公(公元前 692 年~前 648 年在位)二十一年时(公元前 672 年)杀死了自己的儿子——太子御寇,目的是要传位给自己宠妃的儿子。完(《十二国》中即陀公)与御寇交情很好,害怕也被杀掉,就投奔齐国的桓公,并在齐国担任官职。

"西昌"——这个名字的来源不可考。《史记》中未提到桓公赐予陈完任何封号。《左传》只是说,陈国公子完与颛孙一起逃到桓公处,完被任命为齐国的工正(管理百工的官),但未提到赐予他封号。

关于田氏家族的起源有几个版本:注释者徐广、应劭认为,陈完(陀公)从桓公那里得到田的土地作为采邑,而这个地区不可能被精确地限制。《索引》中说,田和陈在古代读音相似,如果按《正义》中所证实的那样,陈完逃走后不想再叫原来的名字,那这种说法更有可能。至于说任命完(陀公)担任最重要的国家职位,《十二国》写的并不完全准确。根据《史记》和《左传》的资料,桓公建议完担任上卿一职,完拒绝之后才被任命为工正(参见《史记》第 4 册,第 104 页;《春秋左传》,《十三经注疏》,第 1744 页)。

"田和,即太公和"——齐宣公(公元前 455 年~前 405 年)时曾任相国,一直连任到太公家族的最后一位君王——康公贷。《史记》记载,贷继位十四年后,沉迷于酗酒,不再管理朝政。太公和把他迁到海边,给他一座城作采邑,使他能供奉祖先。太公和与魏文侯见面,表达了想当诸侯的愿望。文侯向周天子提出请求后,太公和成为了诸侯。公元前 379 年,康公贷死了,齐国的所有领土都转到田氏家族手中。

"齐威王"名因齐,公元前356年~前320年在位。公元前341年成为霸主,大破魏军于马陵(今河北省大名)。

"田什"——田氏家族的统治者。这里指的是孟尝君的父亲田婴(其靖郭君的名气更大一些),他从齐湣王手中得到了薛城作为领地(今徐州滕县)(《史记》第7册,第2352页)。田文是他小妾生的儿子,本应被杀死,因为迷信说田文会给自己的父亲带来致命的危害(他生于五月五日——不祥的日子),但他母亲还是悄悄生下了他。后来他因明事理和懂政务而闻名,为此被父亲提拔并成为薛城之主,外号孟尝君。

"湣王田地"——宣王之子。公元前301年~前284年在位。在执政的第七年和第十四年曾进攻魏国。36岁时宣布自己为东帝,当时秦昭王宣布自己是西帝。后来,由于苏秦的坚持,他去掉了帝号。湣王38岁时灭了宋国,39岁时,为摆脱进攻齐国的燕、秦和韩、赵、魏的军队,被楚将淖齿杀死在他逃难的莒城。他的继承人襄王在莒城待了五年,直到田单大破燕军,收复了齐国的土地。

"后齐就消失了。"——齐王建四十四年(公元前221年),如《十二国》所说,秦国灭齐。司马迁解释说,以前燕、楚、韩、赵、魏分别抗秦,使齐王建有机会和平执政40多年。但他的相国后生投靠了秦国,经常与秦王联络,得到黄金后就说服齐王建不与秦国作战而投降。齐王田建被秦军抓住后,押送到共邑(今共城县)(参见《史记》第6册,第1902~1903页)。

第二章

司马迁在《孟尝君传》(《史记》第7册,第2361~2362页)中记载了这个故事。司马迁的记载比《十二国》中的叙述更详细。司马迁指出，当时孟尝君是齐湣王的相国。孟尝君早先支持与魏、赵结盟，抵抗秦、楚，在田家发动叛乱之后，逃到魏国，又拥护与秦结盟抗齐。

"冯谖"——孟尝君在薛城收罗的六万门客之一。西夏文本把他的名字读成 xian。他也叫骥（参见《史记》第 7 册，第 2361~2363 页）。

第三章

在司马迁的《田单列传》（《史记》第 8 册，第 2435~2456 页）和《乐毅列传》（《史记》第 7 册，第 2427~2436 页）中，以及《战国策》（《齐策六》，第 8~9 页）中都有这个故事，但《战国策》对时间阐述得十分简短。这个故事讲述的事件进行了五年（从公元前 284 年~前 279 年），当时乐毅率领赵、楚、韩、魏、燕五国联军进攻齐国，把湣王赶到了莒城。乐毅因田单的阴谋被撤职，由骑劫代替，公元前 279 年，联军被田单打败。

"田单"——战国时期齐国的大臣和著名的将领。

"安平"——齐国的地方，今山东临淄县。安平被齐王赐给了田氏家族。

"乐毅"——燕国大将，生于中山国灵寿地区（今河北省境内）。率五国联军攻齐，后因遭诽谤被撤职。

"莒"——今山东省境内，莒县。

"即墨"——今山东省莱州。

"聊"——今山东境内城市。根据《战国策》的资料，该城曾被燕军占领，田单花了一年多时间也没能夺回。直到鲁仲连来帮他，往城里给燕军守将射了一封信劝降。这封劝降书起了作用，聊城投降了（《战国策·齐策》第 6 卷，第 8 页）。司马迁也不把聊城算在向乐毅投降的城池之列。

"燕昭王"——燕国国君,名职。公元前 311 年~前 279 年在位。

"燕惠王"——公元前 278 年~前 272 年在位。他与乐毅不和,轻信流言。司马迁在《乐毅列传》中记载,田单派人对惠王说:"齐城不下者两城耳。然所以不早拔者,闻乐毅与燕新王有隙,欲连兵且留齐,南面而王齐。"之前已经知道齐湣王死在莒城,更增强了这些话的可信度,即乐毅完全可以宣布自己是齐王。《十二国》中的叙述太简短,很多重要的细节都没有说明,因而曲解了真实的情景。

"骑劫"——燕国大将。

"城里的人就会投降。"——司马迁相当详细地引用了田单的话,但意思几乎都是这样。想要指出的是,田单"建议"骑劫不仅割掉齐军俘虏的鼻子和耳朵,还要让他们打仗时冲在燕军的前面,似乎是为了吓唬齐军(《史记》第 8 册,第 2454 页)。

"万岁!"——"活一万年!"——中国古代胜利的喊声。

"点燃牛尾上的芦苇,把牛赶出来。"——司马迁记载,"田单乃收城中得千余牛,为绛缯衣,画以五彩龙文,束兵刃于其角,而灌脂束苇于尾,烧其端。凿城数十穴,夜纵牛,壮士五千人随其后。"(《史记》第 8 册,第 2455 页)。

"七十二座城池"——在公元前 3 世纪,齐国领土上有这么多的城池令人怀疑。也许,城池指的是设防的村庄。

第四章

《战国策·齐策一》(第 69~70 页)中对该故事的叙述与本文没有任何本质的偏差。

"靖郭君"——田婴,孟尝君之父,得到湣王赏赐的薛地。

"薛地"——山东省滕县东南。

第五章

《史记·滑稽列传》(参见《二十二子》第126卷,第348页)中也有这个故事。

"威王"——见本篇注一。

"淳于髡(孙玉君或顺曲君:由于语音的差别有异读)"——齐威王的谋士,得到大夫的封号。个子矮小,因此有时扮演丑角。他的特点是劝诫机智而有逻辑。

第六章

《史记·楚世家》和《战国策》中对该片段的叙述有一些小的差异。《十二国》的叙述与司马迁的记载最接近(在这两段话中,陈轸担任秦国使者来到齐国,但《战国策》却没有讲)。看来,这两个版本的来源与《战国策》不同。

"上柱国"、"令尹"——是楚国的两个高等封号。《史记》中有"柱国",《战国策》中,昭阳被称为上柱国——最高的柱国,即"爵位最高的手执珪玉之人"。"珪"是楚国最高官员的识别标志。令尹是楚国的最高谋士。根据《史记》和《十二国》的记载,昭阳已经是上柱国和令尹,但在《战国策》中,却说他只是上柱国,反正没能得到令尹的官级,因为楚国可能只有一个令尹,看来已经被加封过了。

《史记》确定所叙述事件的日期是在楚怀王六年——公元前323年。在此前的六年中,魏国利用楚威王去世、楚国服丧的时机进攻楚国,占领了兴山(今河南新田城区)。怀王六年派昭阳攻打魏国(《史记》第5册,第203~205页及注)。

"陈轸"——秦国大夫。当时秦王加紧从事外交活动,订立对外政策的盟约,为争当中原霸主做准备。因此,他被派到齐国。陈轸为齐王做成了这件事情。同年,楚、齐、魏、秦签订了盟约(《史记》第5册,第203~205页加注)。

第七章

故事不可考。大概此处描写的对话是在公元前494年——孟尝君逃到魏国之后。魏文王看来指的是魏文侯魏斯,公元前445年~前396年在位。他因建立魏国而驰名。他实行积极的对外政策,扩展了国家的边界,借助李悝改革增强了国力。完全可以把他和另一位伟大的改革家——齐桓公相比。

"白圭"——魏国有两个叫这个名字的人。一个是著名的商人白圭,生于周国,是与文侯同时代的人。孟尝君在逃往魏国的途中与他见面是不可能的,他们之间差了约100年。第二位白圭也叫丹,是一位流浪学者,水文地理学专家,曾在魏惠王(公元前369年~319年在位)时任职。这位白圭也造访过齐国,因此他与孟尝君的对话可能是在齐国。我们作品中提到的多半就是这个白圭。

"五国"——春秋五霸。

"卜子夏(公元前507年~?),原名商。"——孔子的弟子,流浪学者。关注《春秋》的研究。曾任魏文侯及其他官员(包括改革家李悝)的老师。

"田子方"——子贡的学生。在魏国威信很高。文侯称他是仁爱之人,认为他是"国之珍宝"。

"端干木"——子夏的学生。刚开始在晋国做贸易中介人,后来师从子夏后,在魏国任职。魏文侯多次向他表示最高的敬意。

"魏成子"——魏文侯的丞相,与文侯是亲戚。

十二国

由于《十二国》第 40~48 页的文字保存不好，我们没有翻译。

第八章

《战国策》(卷十三，《齐策六》，第 11 页) 和《说苑》都描写过这个故事，事实上无差别。

"狄"——中国北方游牧民族。

"田单"——见本篇注三。

"鲁仲子"——不可考。可能就是鲁仲连，他在田单攻打聊城时发挥了作用 (见《战国策》卷十三，第 8 页)。

"扩充了齐国的边界。"——这里说的是田单打败燕军。

"掖"——今山东掖县。田单得到了那里一千户的额外赏赐。

"临淄"——不可考。《战国策》中的相应片段提到一个地方叫淄上——山东淄河上的城市。

第九章

这个片段与《战国策》(卷八，《齐策一》，第 73 页) 中的叙述没有任何偏差。

"徐君平"——不可考。《战国策》中代替他的是徐公——田忌，在徐有封地。

"邹忌"——这是齐国大夫，《战国策》中的这个故事提到了他。如果是这样，那对话应发生在齐宣王或威王在位时。

"妻子夸我是顺从我。"——这里可以有两种译文："顺从我"或"服从我"，因为表示夫妻关系的汉字和西夏文字"顺"有特别的意义。

"那就应当没有过失了。"——也就是说大王将知道所有的舞弊行为并采取措施。

第十章

这个片段在《战国策》(卷十,第 89 页)中没有大的歧异。该故事发生在齐威王在位时。

第十一章

《战国策》(卷十一,第 92 页)和《史记·孟尝君传》中都有这个片段。在《史记》中,训诫不是借谭拾子之口,而是借冯谖之口说出。

"谭拾子"——孟尝君的门客之一。

"有任免"——即官员总是会从高位贬下来——这是不可避免的。《战国策》中对此论述得更详细:"谭拾子曰:'事有必至,理有固然,君知之乎?'孟尝君曰:'不知。'谭拾子曰:'事之必至者,死也;理之固然者,富贵则就之,贫贱则去之。'"后来的内容与《十二国》相符。《战国策》的内容比《十二国》更详细,前者解释说,孟尝君逃走之后又回来了,心里怨恨一些齐国的士大夫(在他落难时离他而去)。听从谭拾子的劝诫,他打碎了写着自己委屈的五百块牒并扔掉了它们。

鲁 国

第一章

这一篇非常简短,但叙述完全正确。

十二国

"周公旦"——文王之子、武王之弟,帮助消灭了殷,促成了著名的"牧野之誓"。他也是成王的叔叔,在成王年幼时曾摄政。旦得到周氏王族在山西庆山自古就有的土地作为采邑,因此得到周公的封号。

"让他成为鲁地的小王"——周公的儿子伯禽与太公同时得到今山东省曲阜地区的土地,后者建立了齐国。

第二章

《史记》和《春秋左传》中的这个片段与《十二国》中的内容没有大的差异,但汉文的叙述更详细一些。

"惠王"——惠公弗湟——公元前768年~前723年在位。

"隐公"——惠公妾室声子的儿子。惠公晚年娶了一位宋国的女子,她原本要做息(隐公)的妻子,她为惠公生了继承人允。惠公死后,取名隐公的息成了临时的君王,虽然没有举行登基仪式,但他事实上成了国君,《左传》中提到的十二位鲁国国君就有他(公元前722年~前712年在位)。

"桓公"——姬允,惠公弗湟的儿子。公元前711年~前694年在位。

第三章

故事的这一版本不可考,但它与大量讲述鲁国官员公父文伯母亲的故事接近,这些故事在《国语》和《说苑》中都有。

"公父文伯"——鲁国大夫,公父木伯的儿子。他的母亲敬姜是有名的贤母。

"因此我不哭。"——《国语》(第65页)中公父文伯母亲的观点似乎解释了这一怪事。公父文伯死后,她的母亲对儿媳们说:"我听说,如果一个男人喜欢姬妾,他的姬妾就会在他死后自杀……我的儿子英年早逝,我憎恨说他喜欢姬妾的名声传开……"说完这些话,母亲请儿媳们别穿孝服,表现平静,以此为儿子增光。《十二国》中的文字证明,公父文伯不爱自己的母亲,只爱姬妾,因此母亲不为他哭。

第四章

"子张"——孔子的弟子颛孙师。

"叶公"——不可考。

"哀公"——名蒋,公元前494年~前468年在位。

第五章

这个故事勘同《吕氏春秋》(《二十二子》,第701页)。

"齐成子"——实际上这是鲁国大夫郈成子。他是郈清的孙子,鲁国大夫郈景的曾孙。

"宰榖臣"(西夏文译音)——这是卫国大夫右宰榖臣,或叫右宰国。

"宁喜"——卫国大夫,宁惠子的儿子。"宁惠子叛乱"大概指的是下列情况:宁惠子和孙文子很生气,因为卫献公拒绝和他们一起吃饭,不脱猎装(违背礼数)就和他们说话,于是他们就发动了叛乱,赶走献公,立卫穆公姬遫的孙子(定公秋。——《史记》)为王,公元前559年~前547年在位。这件事发生在鲁襄公十四年。襄公二十年,宁惠子生病,叫来自己的儿子宁喜,说后悔自己的暴行,请儿子弥补他的罪过,否则将变成恶鬼。襄公二十六年,被驱逐的献公让自己的弟弟姬先帮助自己回到卫国。姬先面见宁喜说,献公回来后,政权将属于宁氏家族,只是祭祀用的祭品归献公。宁喜和宰毂臣商量好一同攻打孙氏家族的后人,结果宰毂臣大概被杀死了。最终孙氏家族战败,献公回到了卫国。宁喜要么是被献公本人处死,要么是被晋平公杀死(《史记》第 5 册,第117、263 页;《春秋左传》,第 1957、1970、1988~1989 页)。在中国史书中,对该故事的注释存在争议和矛盾。

第六章

"宓子贱"——孔子的弟子,又名宓不齐,号子贱。比孔子小三十岁,出生在鲁国。孔子对他的才能评价很高,说:"子贱君子哉!鲁无君子,斯焉取斯?"(《史记》第 7 册,第2206 页)。子贱曾统治单父城(今山东省单县)。该事件大概发生在鲁哀公十一年(公元前484 年),齐国进攻鲁国,占领了部分土地,但仅过了四年又归还了(参见《史记》第 5 册,第81~82 页)。

"季孙"——直译为"季的孙子"——鲁国三大贵族的封号之一(季孙、孟孙和叔孙),与桓公有家族渊源(《史记》第 5 册,第79 页)。这个片段中讲的大概是季康子——季氏家族的大夫,他拥护孔子,任用孔子的学生。

第七章

故事不可考。

第八章

在《国语》(第 82、83 页)和《左传》中对该故事的叙述偏差不大。

"孝公"——齐孝公名昭,公元前 642 年~前 633 年在位,桓公之子。《春秋左传》指出,齐进攻鲁是因为在公元前 636 年~前 635 年鲁国签订了一系列建立反齐联盟的条约。孝公进攻鲁国时,卫国作为鲁国的盟友出兵抗齐,这大概能解释孝公的让步(《春秋左传》,第 1821 页)。

"僖公王"——僖公姬申——公元前 659 年~前 627 年在位。

"展喜"——鲁国大夫,展禽的亲戚。《十二国》是效仿《左传》讲述展喜的故事,因为《国语》中叙述展喜犒军不是用酒食,而是用膏沐(头油)。

"展禽"——鲁国大夫,他死后用的柳下惠之名更广为人知——柳下是其领地的名字(参见《春秋左传》,第 1821 页注)。

"石板被挂起来。"——此处的西夏文字不太清楚。《左传》和《国语》中说:"悬挂着石板。"《春秋左传》指出,粮仓房梁上的青石板被加固了。当仓库装满后,石板仿佛在粮食上面,如果石板悬挂起来,那就意味着它下面没有任何东西,即仓库是空的。

第九章

"季康子"——鲁国大夫,与孔子同时代的人。当时是季孙家族的首领。

"子产(卒于公元前 522 年),名叫公孙乔或公孙成子。"——郑国的国务活动家与改革家,整治了郑国的土地使用规则,实行三税制"丘、征(劳役)、赋"。

十二国

第十章

在《说苑·敬慎》和《韩诗外传》(卷九,第2~3页)中都有这个故事,但比《十二国》的叙述详细一些。前两部作品中提到的是,哭者手持镰刀,用它自刎。根据《韩诗外传》,痛哭者名叫皋鱼,该词已成为表示深切悲痛之意的普通名词。《说苑》中把类似故事的人物叫做丘吾子,人物不可考。

第十一章

在《说苑》(卷十,第19页)中有这个故事,但寓意有些不同。完整地叙述整个故事很有意思:"孔子见罗者,其所得者皆黄口也。孔子曰:'黄口尽得,大爵独不得,何也?'罗者对曰:'黄口从大爵者不得,大爵从黄口者可得。'孔子顾谓弟子曰:'君子慎所从,不得其人,则有罗网之患。'"

第十二章

该故事很流行——《列子·天瑞》、《说苑》和《新序》(参见《孔子家语》,第516页)中都有。《十二国》中的荣启在其他文献中叫做荣启期。《列子》指出,这组对话出自鲁国一个叫郕的地方。故事表现出道家思想。

第十三章

故事不可考。

"阳昼"——人物不可考。

"阳桥鱼"、"鲂鱼"——不能把这些名称和著名的鱼相对比。

第十四章

这个故事也很流行。在《韩诗外传》(卷七)、《说苑·臣术》和《柳子举贤》(参见《孔子家语》,第 507~508 页)中都有对它的叙述。后者与《十二国》中的叙述最接近,尽管其他版本的差异也很小。

"子贡"——见齐国篇注二。

"鲍叔或鲍叔牙"——齐国大夫。年轻时与后来的改革家管仲交好。帮助齐桓公夺取了政权,后来拒绝了桓公任命自己相国一职,推荐更有治国才能的管仲担任这一职务。

"子皮"——郑国大夫,名罕虎。子皮是他的号。他推荐子产担任郑国的最高职位。

"但我未听说别人推荐这两个人。"——说的是举贤者本人比他所推荐的人更贤明仁爱。此外,鲍叔牙给被驱逐出齐国的管仲提供帮助,他因为高尚英勇而非碍于情面去推荐的品质十分高尚。从这个意义上讲,孔子对鲍叔的评价比对管仲高得多(从《论语》中的一些内容也可以看出这一点)。在这个故事的另一个版本中,孔子甚至把鲍叔和子皮称为仁者,而他并未这样称呼管仲。

第十五章

该片断的这一形式在《韩非子》(《韩非子》,《二十二子》,第 1143 页)中也有。

第十六章

《新序》(卷二,第 19 页)中对该故事的叙述相同,但汉文与西夏文在文字上有很大的分歧。该故事的汉文文本强调,宓子贱不怕造成与鲁王喜爱的抄录员不和。一开始鲁王说宓子贱因此不可能"管理得很好",所以才被派去。后来又让没被任命的官员去单父,因为那里"治理完善"。汉文文本以孔子颂扬宓子贱美德的话结束:"子谓子贱,'君子哉若人!鲁无君子者,斯焉取斯?'"西夏文本与汉文文本完全不同。因此,西夏文本的汉文原文明显来源于与刘向编写《新序》时使用的材料完全不同的文献。

"鲁文公名兴。"——公元前 7 世纪 20 年代管理领地鲁。鉴于该故事的汉文版本,西夏译文看上去时代错乱,因为鲁文公不可能与宓子贱和孔子是同时代人。

卷 中

魏 国

这一篇中讲的是晋国灭亡之后,公元前 403 年出现的魏国。

故事不可考。

"魏华"——人物不同一。我们怀疑在这种情况下的西夏字是否专有名词,但我们无法按意思翻译。

"惠子"——魏国大夫。

"田需"——人物不可考。

晋 国

第一章

引言部分很简练,不包含有关叔虞出生和掌权的情况以及对晋国早期史实的叙述。

"唐叔虞"——晋氏王族的鼻祖。生活在公元前 11 世纪中期,他的儿子燮成为第一位晋侯。

"周武王(《十二国》中的周武王、周武)"——周氏王族的第一位统治者。生活在公元前 11 世纪。

"领地唐"——黄河与汾河以东的地区,今山西省沂县南。

"静公"——静公俱酒是晋国最后一位国君。公元前 377 年~前 376

年在位。

第二章

该片断在汉文献中有两个版本,能帮助更好地解释其内容。第一个版本在《春秋》中,它确立了晋悼公在位的时间(公元前572年~前558年)。第二个版本中,事件发生在悼公的儿子——平公(公元前557年~前532年)在位时。这个版本在《吕氏春秋》中是这样叙述的:

晋平公问于祁黄羊曰:"南阳无令,其谁可而为之?"祁黄羊对曰:"解狐可。"平公曰:"解狐非子之仇邪?"对曰:"君问可,非问臣之仇也。"平公曰:"善。"遂用之。国人称善焉。居有间,平公又问祁黄羊曰:"国无尉,其谁可而为之?"对曰:"午可。"平公曰:"午非子之子邪?"对曰:"君问可,非问臣之子也。"平公曰:"善。"又遂用之。国人称善焉。孔子闻之曰:"善哉,祁黄羊之论也!外举不避仇,内举不避子。祁黄羊可谓公矣。"(《吕氏春秋》,《二十二子》,上海,1987年,第1卷,第631页)。

《春秋》中的这一内容对《吕氏春秋》进行了补充:

祁奚请老,晋侯问嗣焉。称解狐——其仇也。将立之而卒。又问焉。对曰:"午也可。"于是羊舌职死矣,晋侯曰:"孰可以代之?"对曰:"赤也可。"于是使祁午为中军尉,羊舌赤佐之。君子谓祁奚于是能举善矣。称其仇,不为谄;立其子,不为比;举其偏,不为党。《商书》曰:"无偏无党,王道荡荡。"其祁奚之谓矣。解狐得举,祁午得位,伯华得官;建一官而三物成,能举善也。夫为善,故能举其类。《诗》云:"惟其有之,是以似之。"祁奚有焉。(《十三经注疏》,北京,1987 年,第 1930 页)。

"祁奚(字黄羊)"——晋国大夫。
"解狐"——晋国大夫。祁奚的仇人。
"祁午"——祁奚的儿子,晋国大夫。

第三章

故事不可考。
"晋文公"——文公重耳。公元前 636 年~前 628 年在位。晋国最有名的君王之一,其在位时晋国成为了霸主。
"周尚"——不可考。
"门客"——汉文的概念,意指某种类似古罗马时期的被保护人。

第四章

故事不可考。

第五章

《新序》(上海,1936 年,卷二,第 24 页)中对该故事的叙述更详细一些。在汉文中,这个故事逻辑性更清楚。

晋文公出田逐兽,砀入大泽,迷不知所出,其中有渔者,文公谓曰："我若君也,道安从出,我且厚赐若。"渔者曰："臣愿有献。"公曰："出泽而受之。"于是遂出泽。公令曰："子之所欲以教寡人者,何等也?愿受之。"渔者曰："楹鹄保河海之中,厌而欲移徙之小泽,则必有丸缴之忧,鼋鼍保深渊,厌而出之浅渚,则必有罗网钓射之忧。今君逐兽,砀入至此。何行之太远也?"文公曰:"善哉!"谓从者记渔者名。渔者曰:"君何以名,为君尊天事地,敬社稷,固四国,慈爱万民,薄赋敛,轻租税者,臣亦与焉。君不敬社稷,不固四国,外失礼于诸侯,内逆民心,一国流亡,渔者虽得厚赐,不能保也。"遂辞不受。曰:"君前归国;臣亦反吾渔所。"

第六章

这个故事和上一个故事在《新序》(卷二,第 24~25 页)中都有,证实了对它们的综合理解和相似的宗旨。《十二国》中把这两个故事也放在了一起,但由于《十二国》之间的某些差别,不能直接借用。两部作品多半是源于同一传统的不同版本。《新序》讲述这个故事比西夏文本更详细一些,看上去也更有逻辑。

晋文公逐麋而失之,问农夫老古曰:"吾麋何在?"老古以足指曰:"如是往。"公曰:"寡人问子,子以足指,何也?"老古振衣而起曰:"一不意人君如此也,虎豹之居也,厌闲而近人,故得;鱼鳖之居也,厌深而之浅,故得;诸侯之居也,厌众而远游,故亡其国。诗云:'维鹊有巢,维鸠居之。'君放不归,人将君之。"于是文公恐,归遇栾武子。栾武子曰:"猎得兽乎?而有悦色!"文公曰:"寡人逐麋而失之,得善言,故有悦色。"栾武子曰:"其人安在乎?"曰:"吾未与来也。"栾武子曰:"居上位而不恤其下,骄也;缓令急诛,暴也;取人之善言而弃其身,盗也。"文公曰:"善。"还载老古,与俱归。

《十二国》中的武子就是栾武子,晋国大夫。与《新序》相比,西夏作品尽管很简短,但主要内容是同一的。在这两个版本中,劝告君王遵守源于其地位的规范、不为无聊的消遣离开国都的共同宗旨把它们和前面的故事连在了一起。

第七章

该故事被收录在《史记·循吏列传》中,李离就是其中的一位官员。《史记》中记载:

> 李离者,晋文公之理也。过听杀人,自拘当死。文公曰:"官有贵贱,罚有轻重。下吏有过,非子之罪也。"李离曰:"臣居官为长,不与吏让位;受禄为多,不与下分利。今过听杀人,傅其罪下吏,非所闻也。"辞不受令。文公曰:"子则自以为有罪,寡人亦有罪邪?"李离曰:"理有法,失刑当刑,失死当死。公以臣能听微决疑,故使为理。今过听杀人,罪当死。"遂不受令,伏剑而死。(《史记》,《二十五史》,北京,1987年,第1卷,第309页。)

汉文本解释清楚了李离自杀的原因,西夏文本不十分清楚。

第八章

该故事在汉文本《左传》、《国语》和《吕氏春秋》中都很有名。《左传》和《国语》中的叙述是一致的。

《左传》：

　　冬，晋侯围原，命三日之粮。原不降，命去之。谍出，曰："原将降矣。"军吏曰："请待之。"公曰："信，国之宝也，民之所庇也，得原失信，何以庇之？所亡滋多。"退一舍而原降。（《十三经注疏》，第1821页。）

《国语》：

　　文公伐原，令以三日之粮。三日而原不降，公令疏军而去之。谍出曰："原不过一二日矣！"军吏以告，公曰："得原而失信，何以使人？夫信，民之所庇也，不可失。"乃去之，及孟门，而原请降。（《国语》，第180页。）

《吕氏春秋》：

　　晋文公伐原，与士期七日，七日而原不下，命去之。谋士言曰："原将下矣，师吏请待之。"公曰："信，国之宝也。得原失宝，吾不为也。"遂去之。明年复伐之，与士期，必得原然后返。原人闻之，乃下。卫人闻之，以文公之信为至矣，乃归文公。故曰"次原得卫者"，此之谓也。文公非不欲得原也，以不信得原，勿若不得也。必诚信以得之，归之者非独卫也。文公可谓知求欲矣。凡人主必信,信而又信,谁人不亲?非信,则百事不满也。故信之为功大矣。(《吕氏春秋》,第19卷,第701页。)

西夏文本的叙述比上述版本更合逻辑:它解释了文公攻打原城的理由——该城居民曾犯重罪。根据《吕氏春秋》的注释可以得出结论,当文公结束逃亡回到晋国时,原城不归顺文公。西夏文本和《左传》、《国语》一样,没有提到卫和其他领地归顺文公。西夏文本只是泛泛地提到了归顺晋国的"很多小城主"。西夏文本教导式的结尾和《吕氏春秋》中该故事的结尾相似。文公伐原的故事在《韩非子》和《新序》中也有,但它们是重复《左传》的内容。

"原"——今河南省轵县。

"孟门"——原附近的城市。

第九章

故事不可考。

"叔向"——晋大夫羊舌肸的号。

第十章

只在《国语》中找到了对该故事的叙述。

智宣子将以瑶为后,智果曰:"不如宵也。"宣子曰:"宵也很。"对曰:"宵之很在面,瑶之很在心。心很败国,面很不害。瑶之贤于人者五,其不逮者一也。美鬓长大则贤,射御足力则贤,伎艺毕给则贤,巧文辩惠则贤,强毅果敢则贤。如是而甚不仁。以其五贤陵人,而以不仁行之,其谁能待之?若果立瑶也,智宗必灭。"弗听。智果别族于太史为辅氏。及智氏之亡也,唯辅果在。(《国语》,第 235 页。)

西夏文本比汉文本简单很多,没有类似《国语》中对人物品质的分析。此外,名字有些搞错了——西夏文本中,继承人叫宵和瑶。宵是真的残忍,而瑶更高尚一些。这个版本与《国语》是矛盾的。西夏文本中一点也没有讲智果与智宣子谈完话后的行动。

"智宣子"——晋大夫。

"智果"——晋大夫,智宣子的亲戚。

"瑶"——智宣子的儿子。

"宵"——智宣子的妾生的儿子。西夏文本中他叫离。

第十一章

内容不可考。延陵季子出游的故事在《新序》中也有。

"延陵季子"——吴国大夫。

第十二章

《左传》中也有相似的故事:

夏四月戊辰,晋侯、宋公、齐国归父、崔夭、秦小子憖次于城濮。楚师背郤而舍,晋侯患之。听舆人之诵曰:"原田每每,舍其旧而新是谋。"公疑焉。子犯曰:"战也!战而捷,必得诸侯,

若其不捷,表里山河,必无害也。"公曰:"若楚惠何?"栾贞
子曰:"汉阳诸姬,楚实尽之。思小惠而忘大耻,不如战也。"
晋侯梦与楚子搏,楚子伏己而盬其脑,是以惧。子犯曰:
"吉。我得天,楚伏其罪,吾且柔之矣!"(《春秋左传》,《十三
经注疏》,第1825页。)

后面详细叙述了晋国取胜的这次战斗。

西夏文本中没有城濮之战的全部细节,但子犯的话更完整而有
逻辑。《左传》中没有指出文公"生的姿态"和楚王"死的姿势"。在《左
传》的注里解释了子犯的话,而西夏文本中,所有的解释都直接借官
员的口说出。重要的是,《左传》中子犯说的话,在《十二国》中都是范
宣子所说。

《左传》未指出当时的文公就是晋侯,将《左传》和《吕氏春秋》中
的相应片段进行对比,可以明显看出这一点,在后一版本中,对这一
战役的描写完全不同。在《吕氏春秋》中,子犯只是劝文公欺骗楚军,
完全没提到文公在战前所做的梦(《吕氏春秋》,《二十二子》。上海,
1987年,第672页)。城濮(卫国)之战是文公政治生涯的顶点,之后
他被宣布为霸主。

"范宣子"——晋大夫。

"子犯"——晋大夫。

"咎犯"——晋大夫,城濮之战中的大将。

第十三章

故事不可考。

"师旷"——晋大夫。

"咎犯"——晋大夫。

"赵简子"——晋大夫。

"阳处父"——晋大夫。

第十四章

在《史记》和《左传》中也有这个片段。《史记》中该故事被放在卷三十九《晋世家》：

> 乙丑，盾昆弟将军赵穿袭杀灵公于桃园而迎赵盾。赵盾素贵，得民和；灵公少，侈，民不附，故为弑易。盾复位。晋太史董狐书曰"赵盾弑其君"，以视于朝。盾曰："弑者赵穿，我无罪。"太史曰："子为正卿，而亡不出境，反不诛国乱，非子而谁？"孔子闻之，曰："董狐，古之良史也，书法不隐。宣子，良大夫也，为法受恶。惜也，出疆乃免。"赵盾使赵穿迎襄公弟黑臀于周而立之，是为成公。（P.B.维亚特金译司马迁《史记》，莫斯科，1987年，第5卷，第170页。）

《左传》是这样记述的：

> 乙丑，赵穿攻灵公于桃园。宣子未出山而复。太史书曰："赵盾弑其君。"以示于朝。宣子曰："不然。"对曰："子为正卿，亡不越竟，反不讨贼，非子而谁？"宣子曰："呜呼！《诗》曰：'我之怀矣，自诒伊戚。'其我之谓矣。"孔子曰："董狐，古之良史也，书法不隐。赵宣子，古之良大夫也，为法受恶。惜也，越竟乃免。"（《春秋左传》，《十三经注疏》，北京，第2

卷,第1867页。)

把这些片段与《十二国》中的叙述相比较,孔子所发表的意见中,完全对立的意思是很明显的。《十二国》中,孔子一点也没惋惜赵宣子受损的名声,并指出逃离之罪是不考虑他从前所有美德的原因。《十二国》的警世性特点在于臣子必须绝对忠于君王。西夏文译者对汉文原文的解释可能不正确,也许,汉文版《十二国》的作者使用的文献中包含对这一故事的解释,与典籍中的解释完全不同。根据《十二国》的内容得出的结论是,赵宣子逃离晋国是因为赵穿杀死了灵公。但不是这样的。根据《左传》、《史记》和《吕氏春秋》,赵宣子反对灵公执掌政权,阴谋推翻他,因此招来后者的仇恨。灵公想杀死赵宣子,但让他逃掉了。正是在他逃亡时,他的兄弟或侄子赵穿杀死了灵公。西夏文本对这一事件的解释不正确,但从这件事来看,孔子的话更合逻辑。《十二国》明显反映的是古代流传的另一种对事件的叙述方法。从教导性来看,这种叙述证据确凿,更有说服力。

第十五章

故事不可考。

"钟仪"——不可考。

"范文子"——晋大夫。

"公子轸"——不可考。

第十六章

《左传》中也有这个故事。它是这样阐述的：

晋侯梦大厉被发及地，搏膺而踊曰："杀余孙，不义！余得请于帝矣！"坏大门及寝门而入。公惧，入于室。又坏户。公觉，召桑田巫。巫言如梦，公曰："何如？"曰："不食新矣。"公疾病，求医于秦，秦伯使医缓为之。未至，公梦疾为二竖子，曰："彼良医也。惧伤我，焉逃之？"其一曰："居肓之上、膏之下，若我何？"医至，曰："疾不可为也。在肓之上、膏之下，攻之不可，达之不及，药不至焉，不可为也！"公曰："良医也！"厚为之礼而归之。六月丙午，晋侯欲麦，使甸人献麦，馈人为之。召桑田巫，示而杀之。将食，张；如厕，陷而卒。小臣有晨梦负公以登天，及日中，负晋侯出诸厕，遂以为殉。(《春秋左传》，《十三经注疏》，第 1908 页。)

《十二国》在介绍景公时试图比典籍更吸引人。也许正因如此，故事才脱离了背景——没提到大厉对景公的愤怒。大厉——恶魔是赵氏王族的祖先，其族人被景公所灭，因此大厉来报复他。《十二国》中的这一内容重点不在讲景公的残暴和自以为是，在中国历史上他根本就是一位极其残暴冷酷的君王，而是讲他对待秦国医缓的高尚行为。相应地，是从完全不同的方面表现这个故事以及景公的形象——景公是一位即使在最无望的状态中也能按优点评价官员的人。在整个西夏故事中，都能明显看到警世的潜台词——劝诫国君在任何情况下行为都要合礼仪，并奖励可敬之人。在类似情况下很少关注历史真实，比如在这种情况下就忽略了历史的真实。

"医缓"——名医,与景公同时代的人。

第十七章

故事不可考。

卫 国

该篇讲的是存在于公元前 1024 年~前 209 年的卫国。被秦国所灭。

第一章

卫康叔名风,不是周公旦而是周武王的弟弟,当上了卫(黄河与济水的河间地)这个地方的统治者。他镇压了殷人的叛乱之后,按周公旦的命令担任了该职位。卫地包括了从前商地(今安阳地区)的中心区域。但卫的都城——朝歌在从前的商都更南的地方——在济水河畔。

"胡亥"——秦朝第二位皇帝、秦二世的名字,公元前 209 年废黜卫君角。

第二章

这个故事和劝谕性的简介一起,看来都属于《韩非子》。它与《韩非子》卷四《说难》中的叙述实际上无区别。(《二十二子》,第 1130 页。)

"卫灵公(元)"——公元前 534 年~前 493 年在位。

"弥子暇"——卫大夫。

第三章

这个故事与《新序》(卷一,第 3 页)中的叙述实际上没有差别。

"蘧伯玉"——《论语》中的人物,孔子的对话者与弟子之一,卫国大夫。

"史蝤"——大概是卫大夫。

第四章

该故事与《吕氏春秋》中的叙述无重大区别。下面是汉文的翻译:

卫灵公下令在冷天挖池塘。宛春劝他说:"我怕寒冷时节被召来服役的人会生病。"公说:"难道天很冷吗?"宛春说:"大王您身穿狐皮大衣,坐在铺着熊皮的坐垫上,周围烧着火盆,因此您不冷。老百姓的衣服很单薄,缝补得也不好,鞋子是破的,有洞。因此,大王您不觉得冷,而百姓觉得冷。"公说:"好。"于是下令停止劳动。身边的人劝他说:"大王您吩咐挖池塘,因为不知道天冷。从宛春那里知道这件事后,您下令停止劳动。人们会喜欢宛春,而仇恨大王您。"公说:"不会。因为宛春只是鲁国一农夫,我任用了他。百姓还不知道这一点。现在百姓因为这个将看见宛春的品质,就会说宛春是我最好的官员。宛春好意味着我不好吗?"(《二十二子》,第 722 页。)

这种情况下的西夏文本和汉文本事实上是同一的。尤其要指出的是,最后劝诫的话都相似。这里指出,君王应当通过选拔官员来表现自己的品质。即使官员出身低微,但他以自己的行为表现出美德并作出了应有的表率——那他也是国之珍宝。此外,《新序》(卷六,第94~95 页)中也有这个故事。

第五章

这个片段很有意思,原因在于它提到的卫兴公事实上并不存在。《新序》(卷七,第 107~108 页)中有一个类似的故事,只不过更详细一些,讲的是晋献公诡诸(公元前 676 年~前 651 年)的继承人太子徒。《新序》中是这样讲的:

> 晋献公太子之至灵台,蛇绕左轮,御曰:“太子下拜。吾闻国君之子蛇,绕左轮者速得国。”太子遂不行,返乎舍。御人见太子,太子曰:“吾闻为人子者,尽和顺于君,不行私欲;恭严承命,不逆君安。今吾得国,是君失安也,见国之利而忘君安,非子道也;闻得国而拜其孽,非君欲也。废子道,不孝;逆君欲,不忠。而使我行之,殆欲吾国之危明也。”拔剑将死。御止之曰:“夫机祥妖孽天之道也;恭严承命,人之行也。拜祥戒孽,礼也;恭严承命,不以身恨君,孝也。今太子见福不拜,失礼;杀身恨君,失孝。从僻心,弃正行,非臣之所闻也。”太子曰:“不然,我得国,君之孽也。拜君之孽,不可谓礼。见机祥而忘君之安,国之贼也,怀贼心以事国,不可谓孝。挟伪意以御天下,怀贼心以事君,邪之大者也,而使我行之,是欲国之危明也。”遂伏剑而死。君子曰:“晋太子徒御使之拜蛇,

祥犹恶之,至于自杀者,为见疑于欲国也,己之不欲国以安君,亦以明矣。为一愚御过言之故,至于身死,废子道,绝祭祀,不可谓孝,可谓远嫌,一节之士也。"

西夏文和汉文作品的内容实际上是同一的,但大概来源于不同的文献。

第六章

《韩诗外传》中对该故事的叙述差别不大,把事件归在鲁闵公二年(公元前661年)。根据《韩诗外传》,狄人进攻卫国时,弘演在另一个国家,回来后找不到人报告出行的情况。因此他把自己的活动呈报给懿公的肝脏,然后剖开自己的肚子,把君王的肝脏放进去就死了。听到他的功绩,齐桓公认定,有这种官员的国家不可能灭亡,因此在楚丘恢复了卫国。本来,中国的传统是把卫国的失败与懿公爱鹤爱妃而不理朝政连在一起的,因此谁也不想为他打仗(详见司马迁《史记》,莫斯科,1986年,第四卷,第115页。司马迁确定这些事件发生的时间是在公元前660年,而不是像《韩诗外传》所说的公元前663年。)

很有兴趣指出的是,西夏人转述的古代民族"狄",大概是具有"契丹人"含义的、更熟悉一些的名词。很明显,西夏的译者认为契丹人是狄人的后代,名词是可以相互替换的,这也解释了类似词语的混用。

赵 国

故事不可考。

《十二国》中汉文与西夏文人名对照表

B

白圭—𗰲𗥏　鲍叔—𗄊𗦩　伯禽—𗼷𗤛　卜子夏—�ƒ𗼷𗤛

C

陈厉公—𗧫𗟨𗼪　陈宣公—𗧫𗤛𗼪　陈轸—𗱂𗨏　淳于髡—𗑒𗆍𗰹

D

段干木—𗓽𗩼𗹦

F

冯驩—𗦳𗿒　夫子—𗿂𗤛　宓子贱—𗣼𗼷𗾟

G

公父文伯—𗼪𗣼𗼷𗼷　古斯(黑子)—𗖵𗾟　管仲—𗮼𗣛

H

惠公子—𗂍

┃十二国

J

季康子—[seal script]　季孙—[seal script]　靖郭君—[seal script]

L

鲁哀公—[seal script]　鲁桓公—[seal script]　鲁惠王—[seal script]

鲁僖公—[seal script]　鲁隐公—[seal script]　鲁仲子—[seal script]

M

孟尝君—[seal script]　孟孙—[seal script]

N

宁喜—[seal script]

Q

齐桓公—[seal script]　齐景公—[seal script]　齐康公—[seal script]

齐湣王—[seal script]　齐威王—[seal script]　齐孝公—[seal script]

R

荣启[期]—[seal script]

T

谭拾子—[seal script]　田成子—[seal script]　田单—[seal script]　田和—[seal script]

田文—[seal script]　陀公陈毛—[seal script]

W

魏成子—[seal script]　魏文侯—[seal script]

X

徐君平—𗅤𗼨𗟻

Y

燕惠王—𗰢𘉋𗩳　燕昭王—𗰢𗸲𗩳　晏子—𗫪𘗽　阳田—𘓐𗍵
阳周—𘓐𘀟　玉丘子—𗉞𗠶𘗽　越石父—𗠍𘊪𘊐

Z

宰毂臣—𗋽𗦳𗤁　展禽—𘉷𗏇　展喜—𘉷𗿼　昭阳—𗸲𘓐
周成王—𘀟𗈛𗩳　周公旦—𘀟𗫶𘉒　周文王—𘀟𗷒𗩳　子产—𘗽𗥃
子贡—𘗽𗦳　子皮—𘗽𗍭

西夏文本影印件

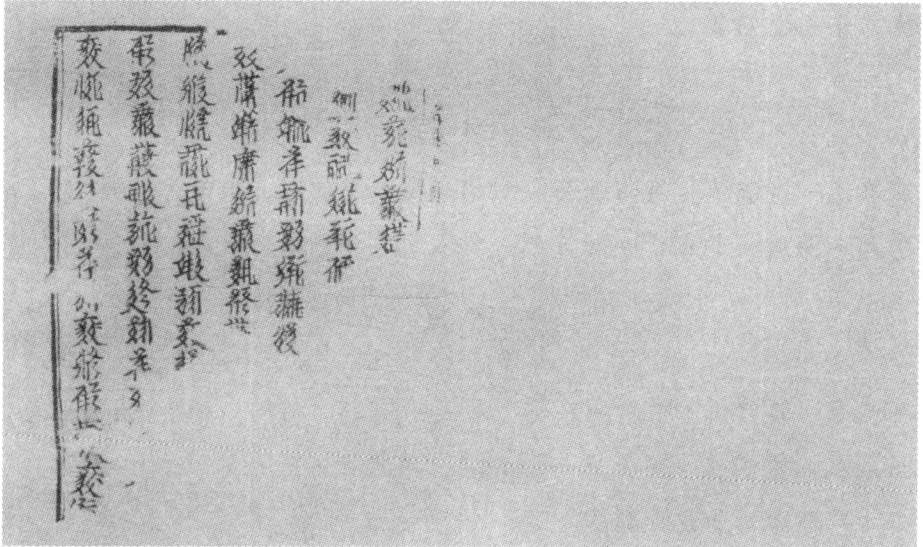

Танг. 12, № 132, л. 1

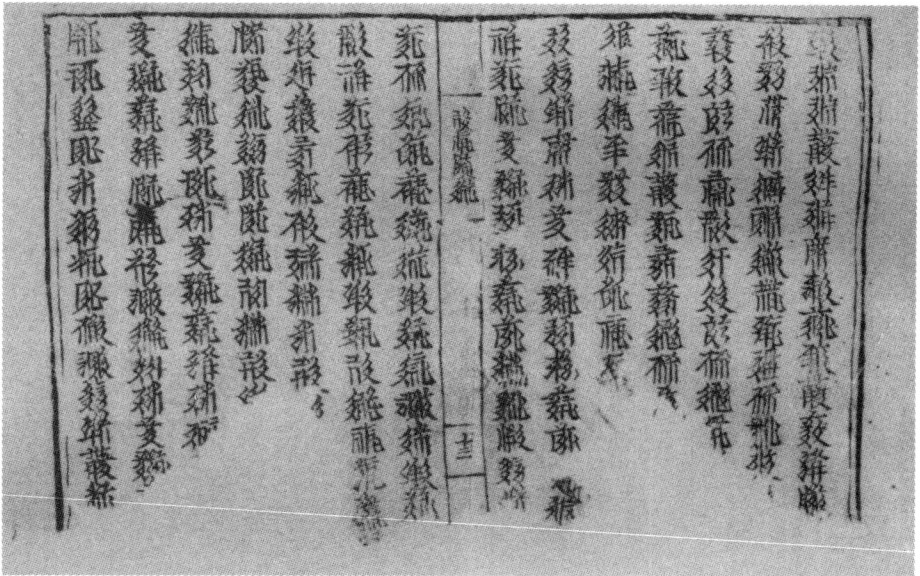

Танг. 12, № 132, л. 3

Танг. 12, № 132, л. 2

Танг. 12, № 132, л. 5

Танг. 12, № 132, л. 4

Танг. 12, № 132, л. 7

Танг. 12, № 132, л. 6

Танг. 12, № 132, л. 9

Танг. 12, № 132, л. 8

Танг. 12, № 132, л. 11

Танг. 12, № 132, л. 10

Танг. 12, № 132, л. 13　　　　　　　　　　Танг. 12, № 132, л. 12

Танг. 12, № 132, л. 15　　　　　　　　　　Танг. 12, № 132, л. 14

Танг. 12, № 132, л. 17

Танг. 12, № 132, л. 16

Танг. 12, № 132, л. 19

Танг. 12, № 132, л. 18

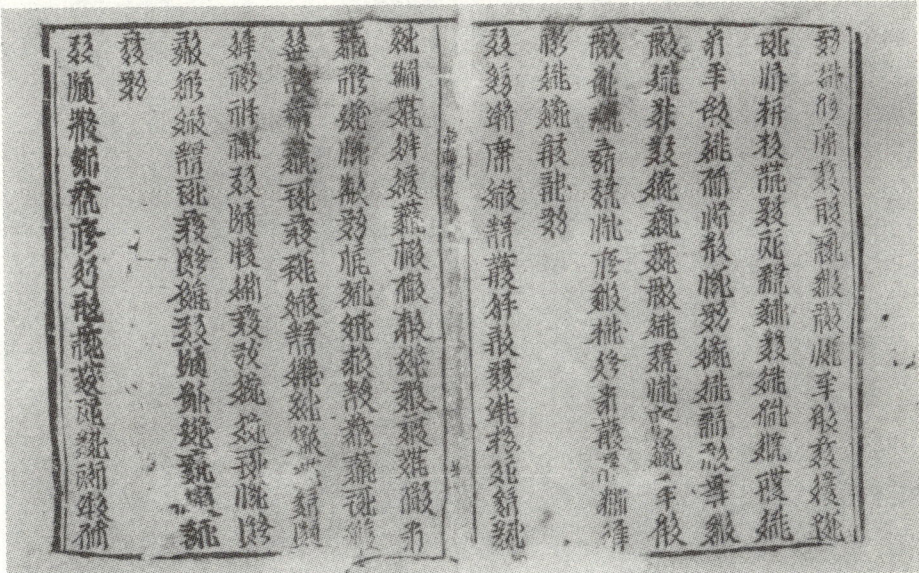

Танг. 12, № 132, л. 21

Танг. 12, № 132, л. 20

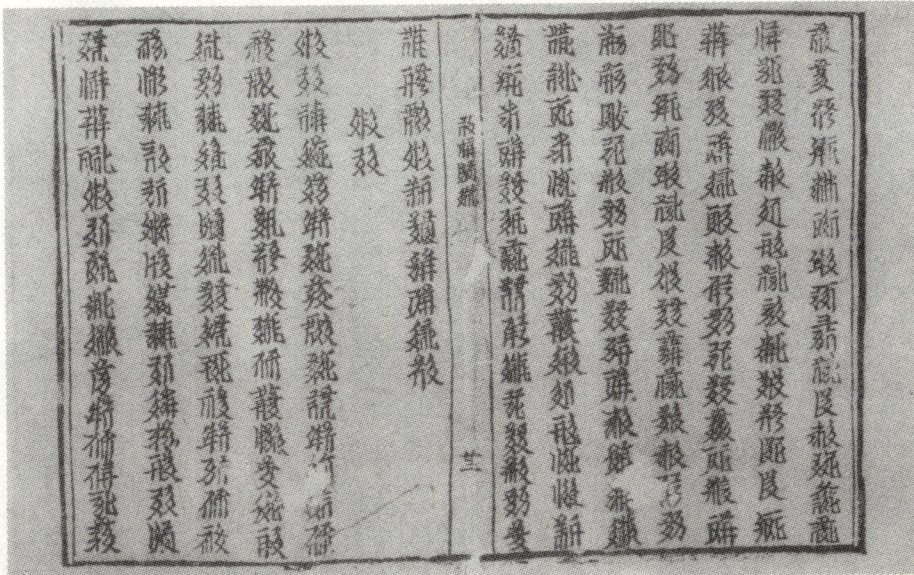

Танг. 12, № 132, л. 23

Танг. 12, № 132, л. 22

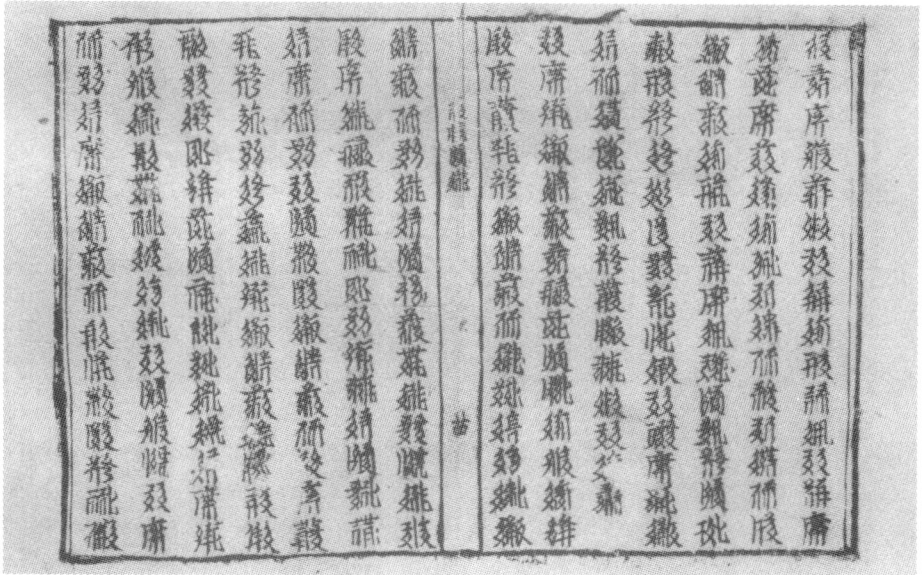

Танг. 12, № 132, л. 25

Танг. 12, № 132, л. 24

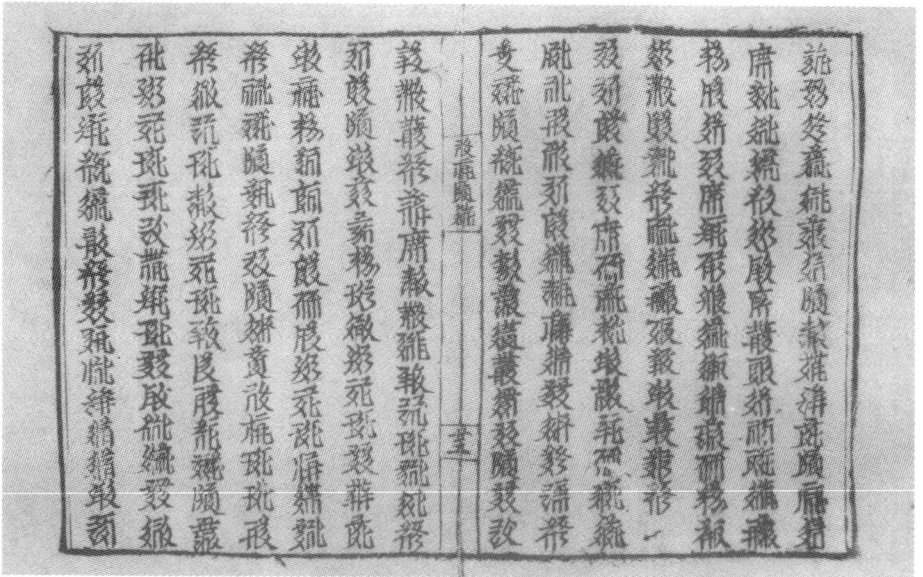

Танг. 12, № 132, л. 27

Танг. 12, № 132, л. 26

Танг. 12, № 132, л. 29

Танг. 12, № 132, л. 28

Танг. 12, № 132, л. 31

Танг. 12, № 132, л. 30

Танг. 12, № 132, л. 33

Танг. 12, № 132, л. 32

Танг. 12, № 132, л. 35

Танг. 12, № 132, л. 34

Танг. 12, № 132, л. 37   Танг. 12, № 132, л. 36

Танг. 12, № 132, л. 39   Танг. 12, № 132, л. 38

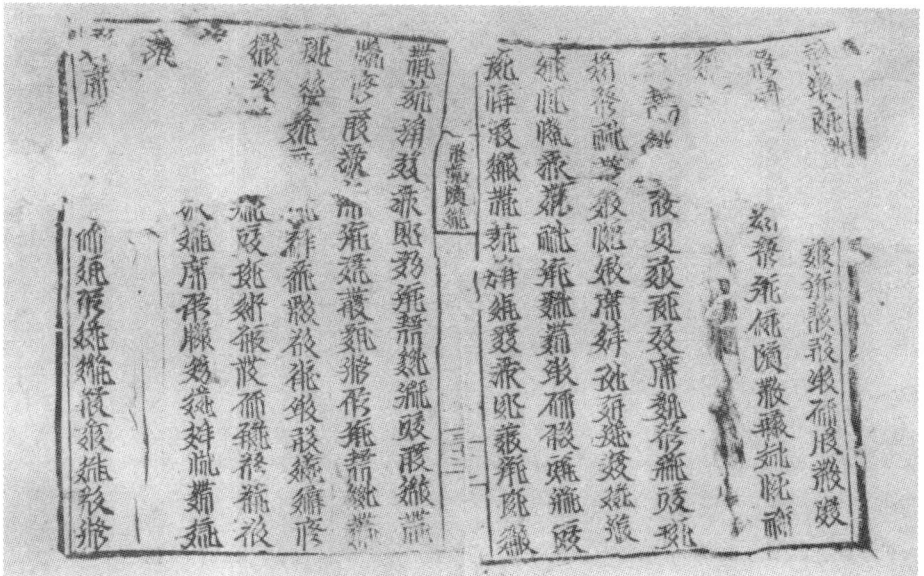

Танг. 12, № 132, л. 41   Танг. 12, № 132, л. 40

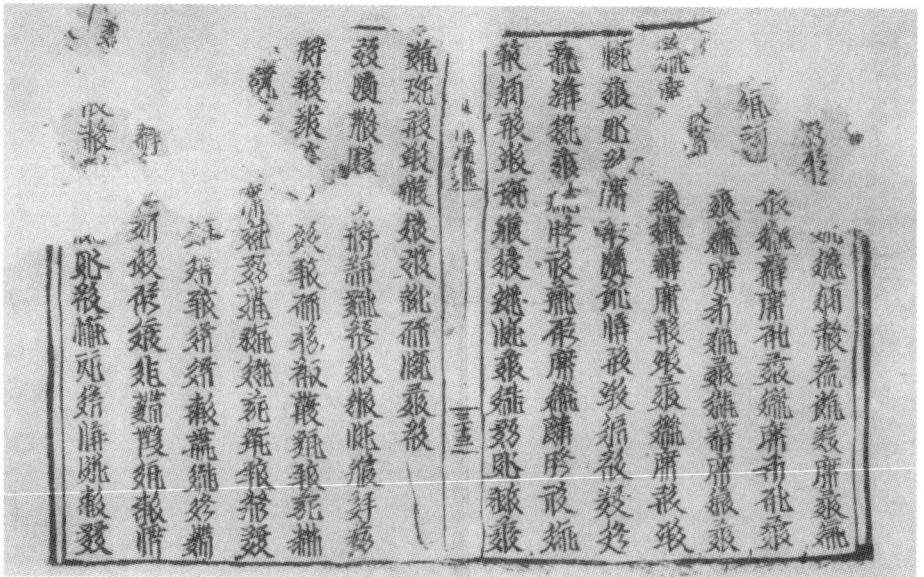

Танг. 12, № 132, л. 43   Танг. 12, № 132, л. 42

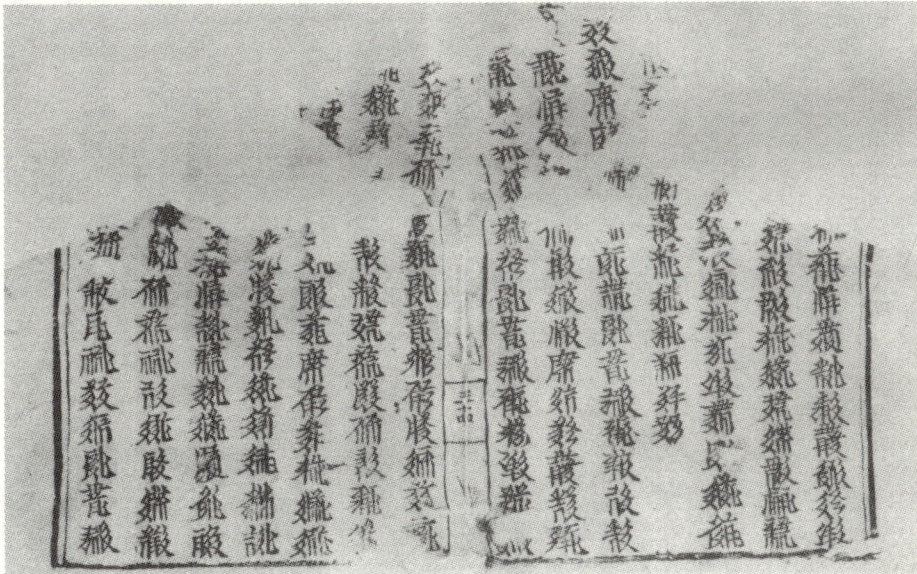

Танг. 12, № 132, л. 45

Танг. 12, № 132, л. 44

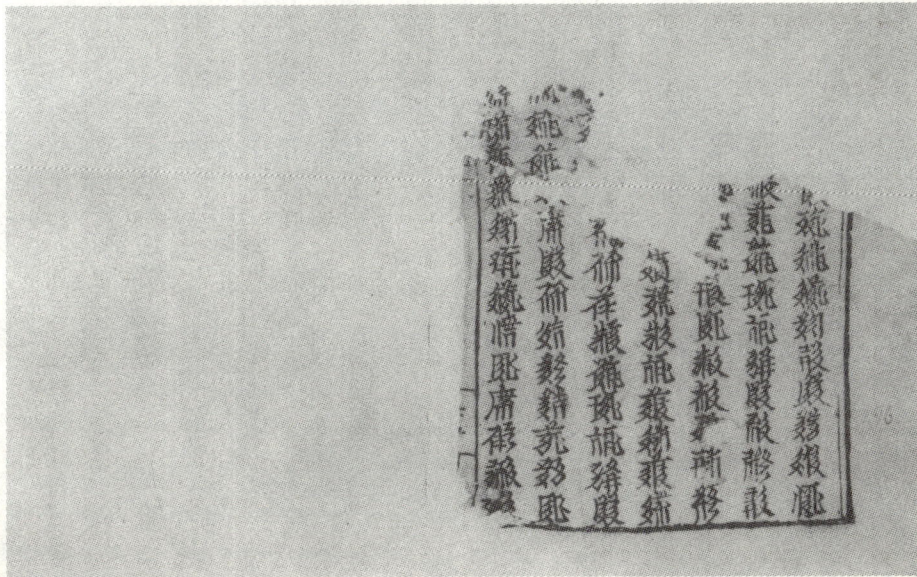

Танг. 12, № 132, л. 46

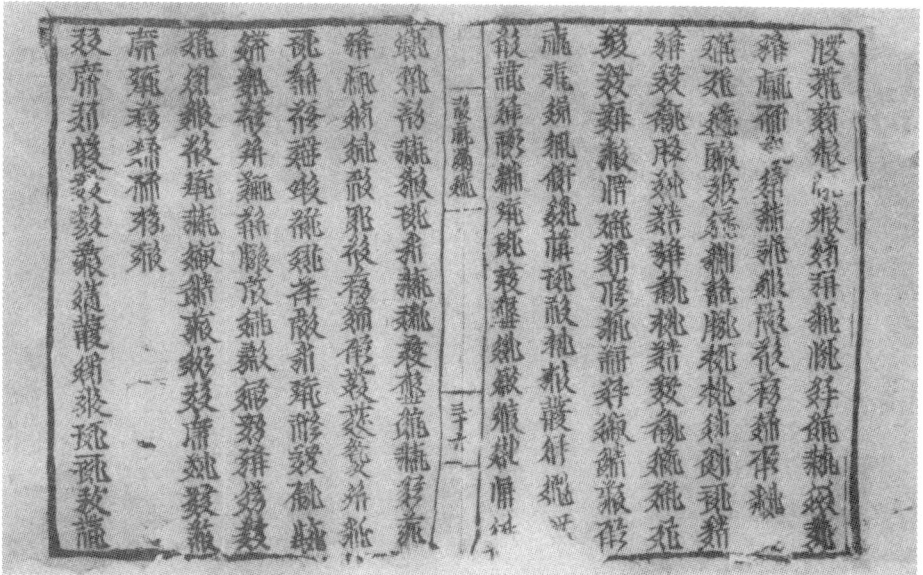

Танг. 12, № 132, л. 48

Танг. 12, № 132, л. 47

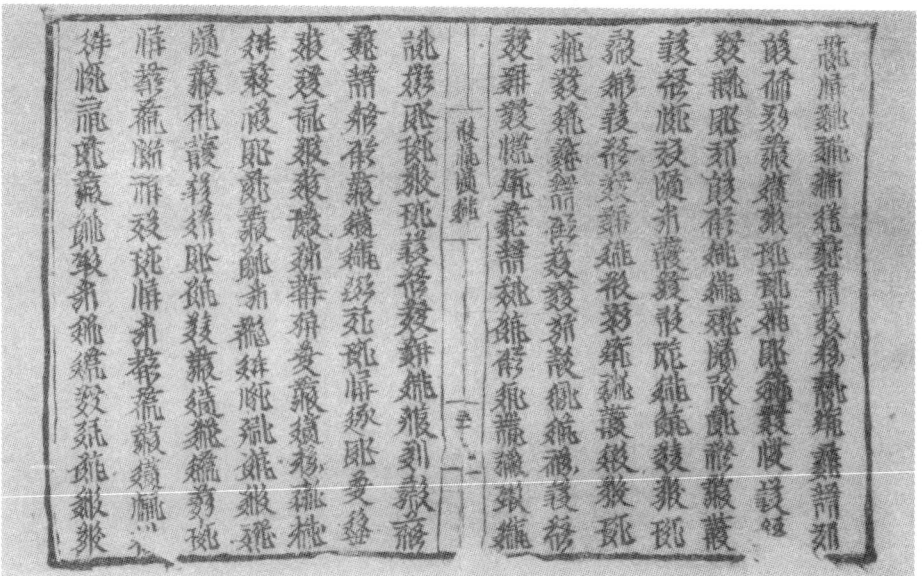

Танг. 12, № 132, л. 50

Танг. 12, № 132, л. 49

Танг. 12, № 132, л. 52

Танг. 12, № 132, л. 51

Танг. 12, № 132, л. 54

Танг. 12, № 132, л. 53

Танг. 12, № 132, л. 56

Танг. 12, № 132, л. 55

Танг. 12, № 132, л. 58

Танг. 12, № 132, л. 57

Танг. 12, № 132, л. 60

Танг. 12, № 132, л. 59

Танг. 12, № 132, л. 62

Танг. 12, № 132, л. 61

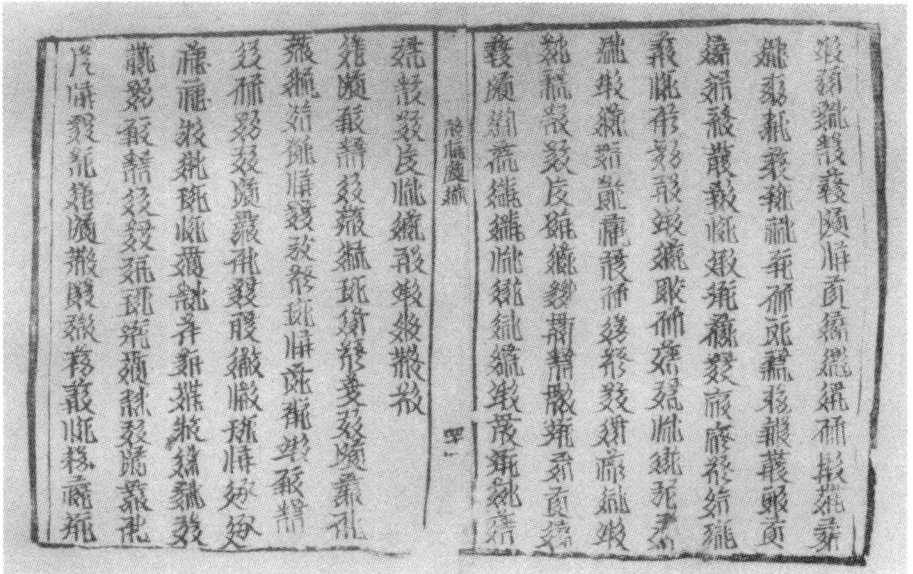

Танг. 12, № 132, л. 64

Танг. 12, № 132, л. 63

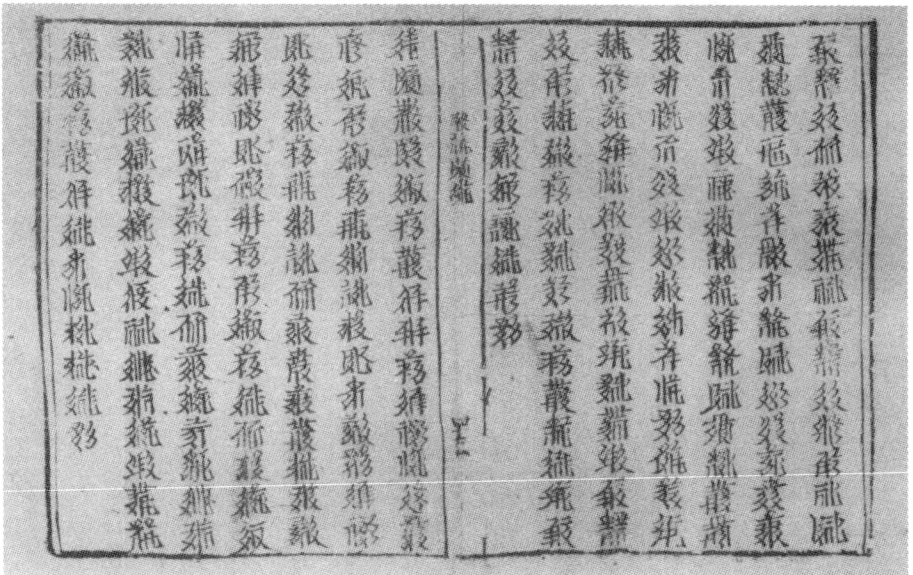

Танг. 12, № 132, л. 66

Танг. 12, № 132, л. 65

Танг. 12, № 132, л. 68

Танг. 12, № 132, л. 67

Танг. 12, № 132, л. 70

Танг. 12, № 132, л. 69

Танг. 12, № 132, л. 72

Танг. 12, № 132, л. 71

Танг. 12, № 132, л. 74

Танг. 12, № 132, л. 73

Танг. 12, № 132, л. 76

Танг. 12, № 132, л. 75

Танг. 12, № 132, л. 78

Танг. 12, № 132, л. 77

Танг. 12, № 132, л. 80   Танг. 12, № 132, л. 79

Танг. 12, № 132, л. 81

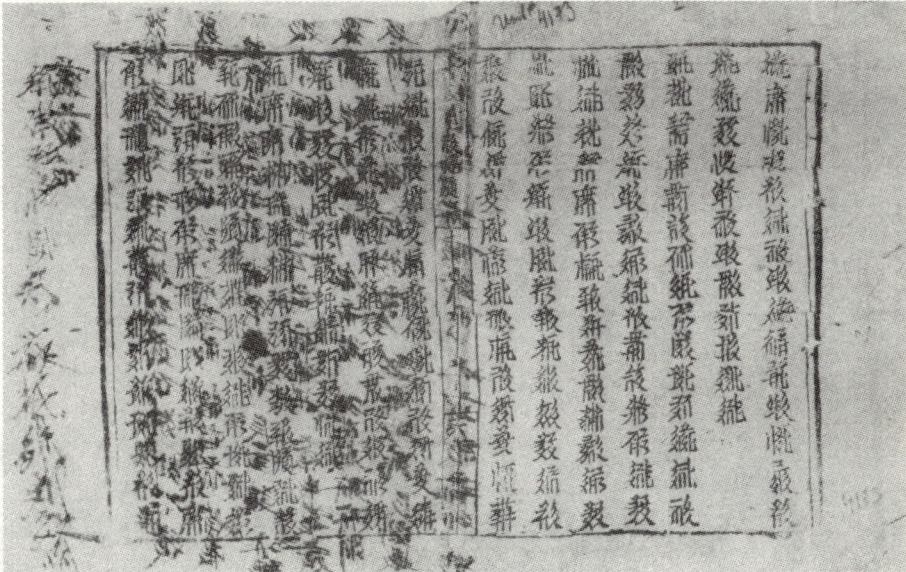

Танг. 12, № 4173, л. 2   Танг. 12, № 4173, л. 1

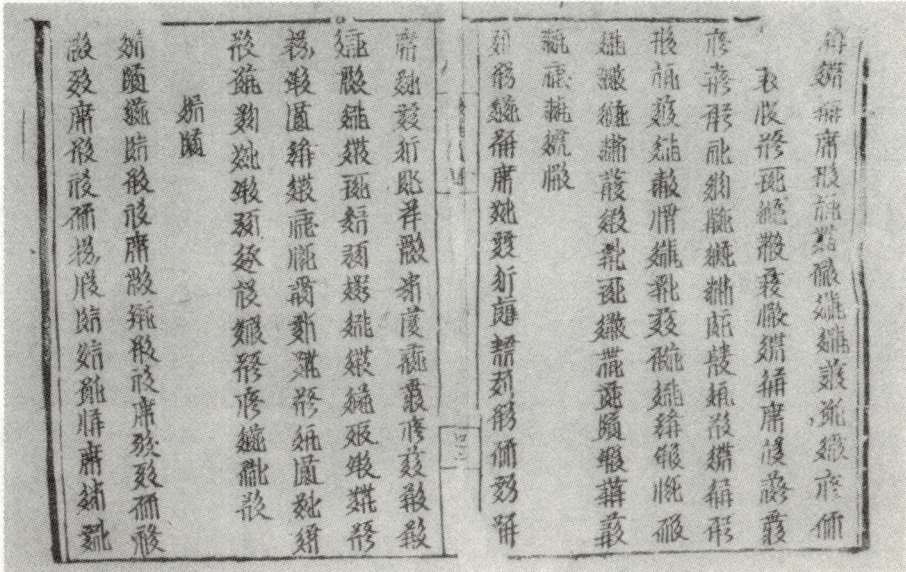

Танг. 12, № 133, л. 2   Танг. 12, № 133, л. 1

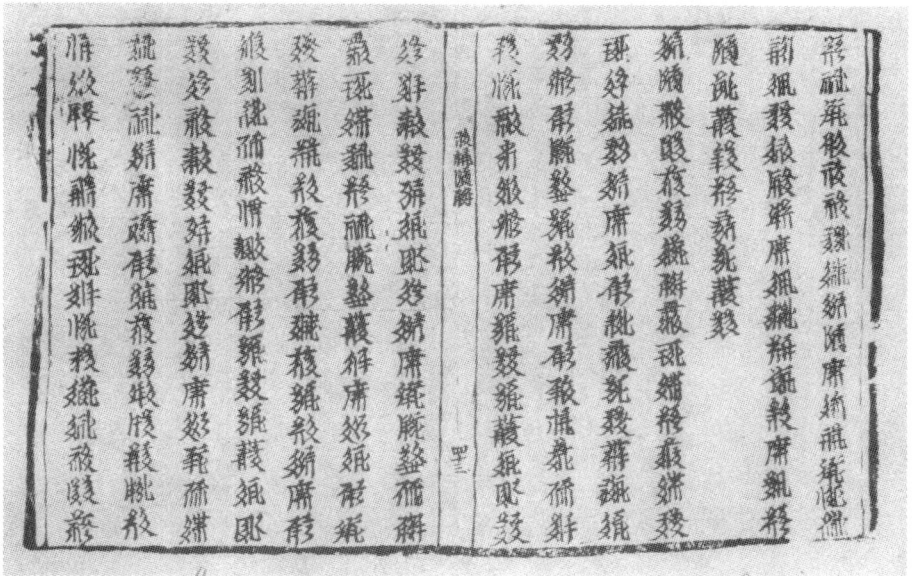

Танг. 12, № 133, л. 4

Танг. 12, № 133, л. 3

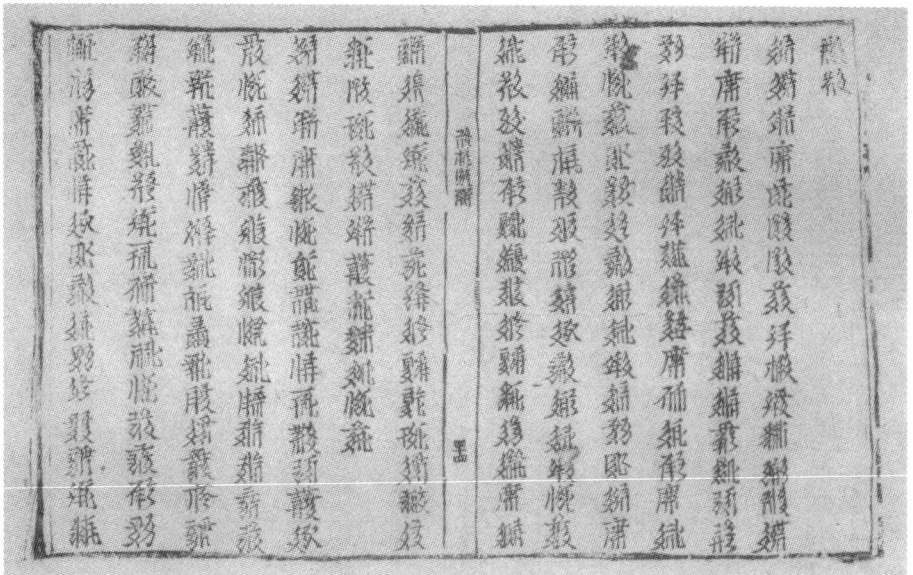

Танг. 12, № 133, л. 6

Танг. 12, № 133, л. 5

Танг. 12, № 133, л. 8

Танг. 12, № 133, л. 7

Танг. 12, № 133, л. 10

Танг. 12, № 133, л. 9

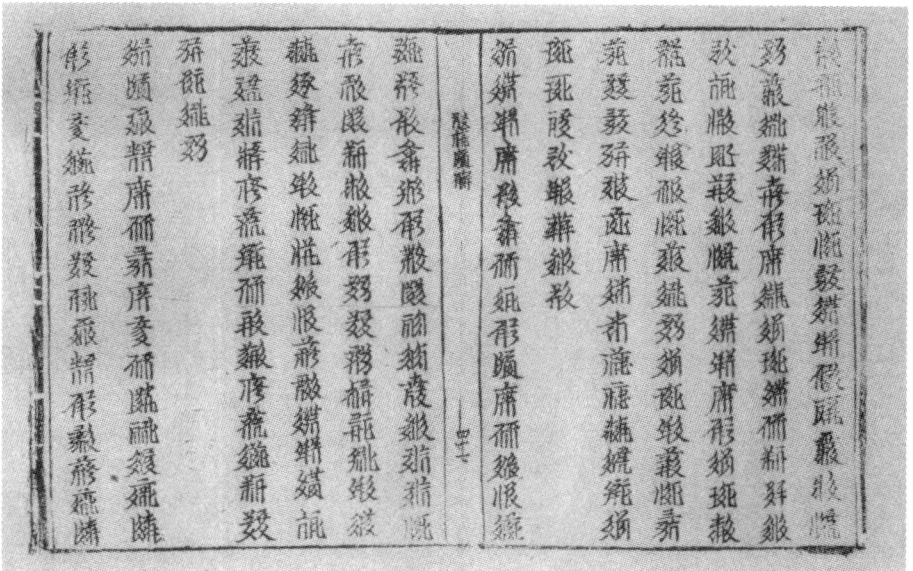

Танг. 12, № 133, л. 12

Танг. 12, № 133, л. 11

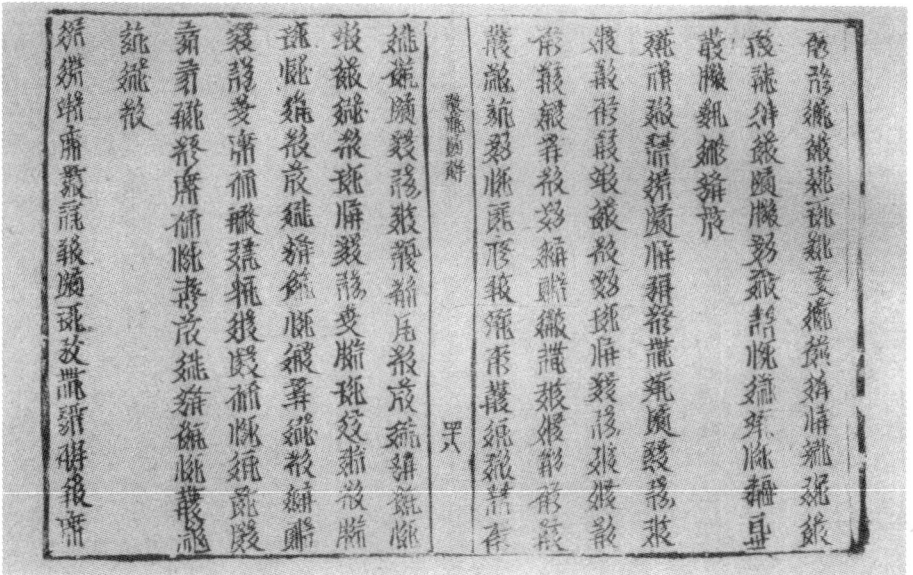

Танг. 12, № 133, л. 14

Танг. 12, № 133, л. 13

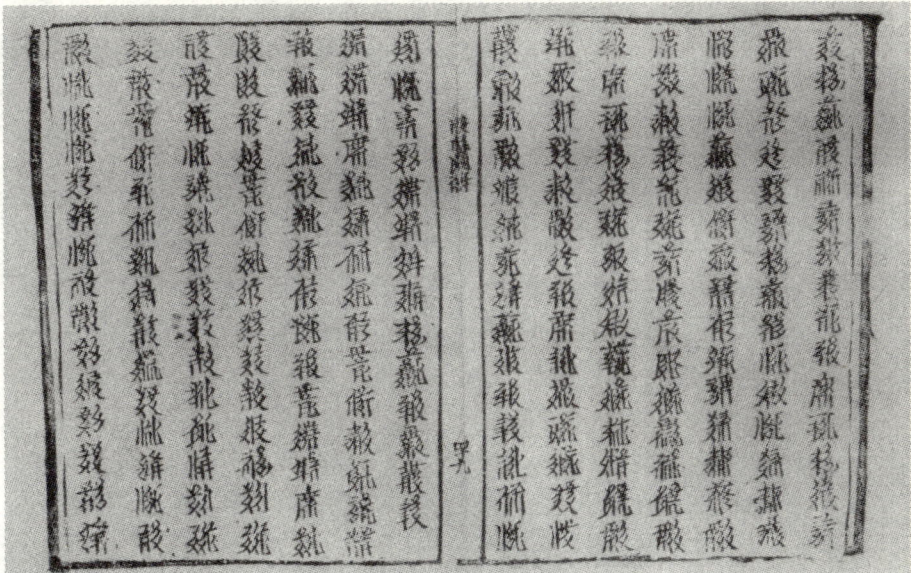

Танг. 12, № 133, л. 16

Танг. 12, № 133, л. 15

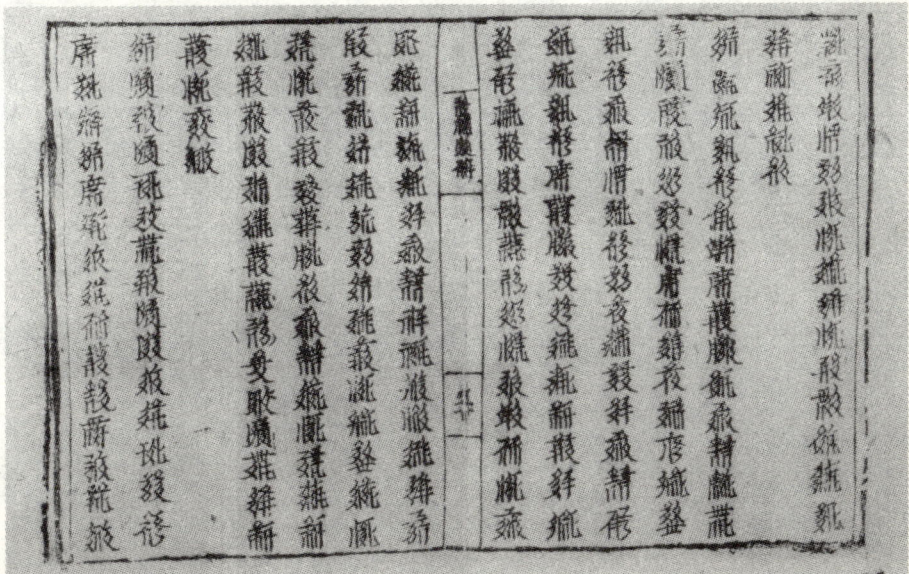

Танг. 12, № 133, л. 18

Танг. 12, № 133, л. 17

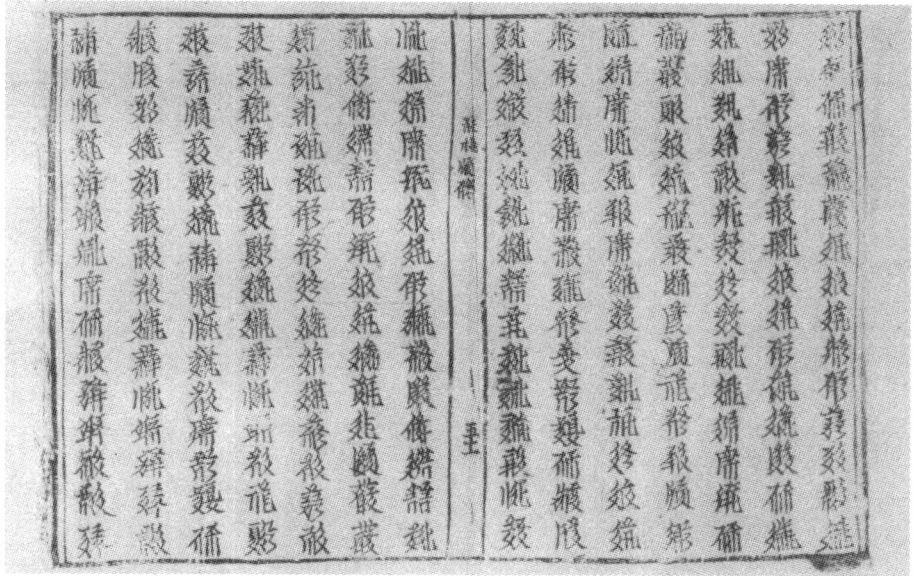

Танг. 12, № 133, л. 20

Танг. 12, № 133, л. 19

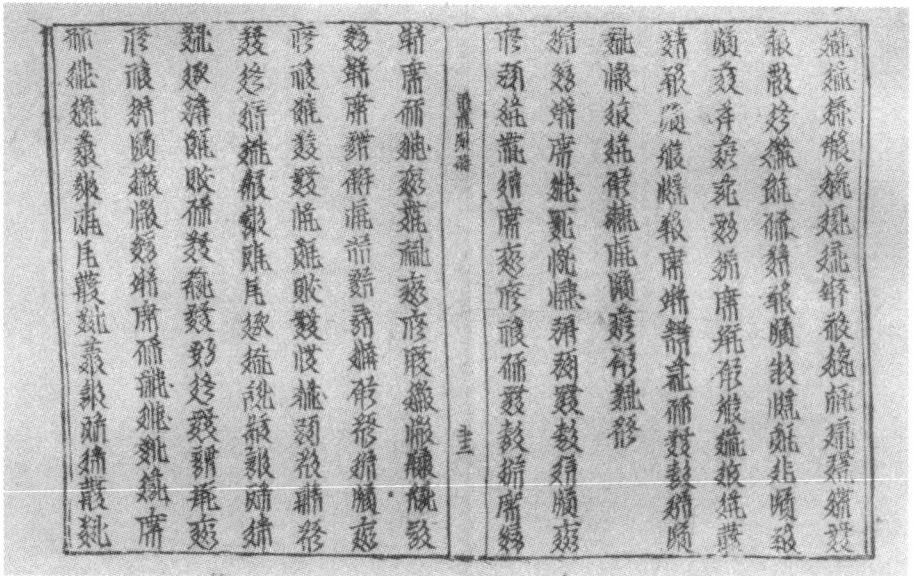

Танг. 12, № 133, л. 22

Танг. 12, № 133, л. 21

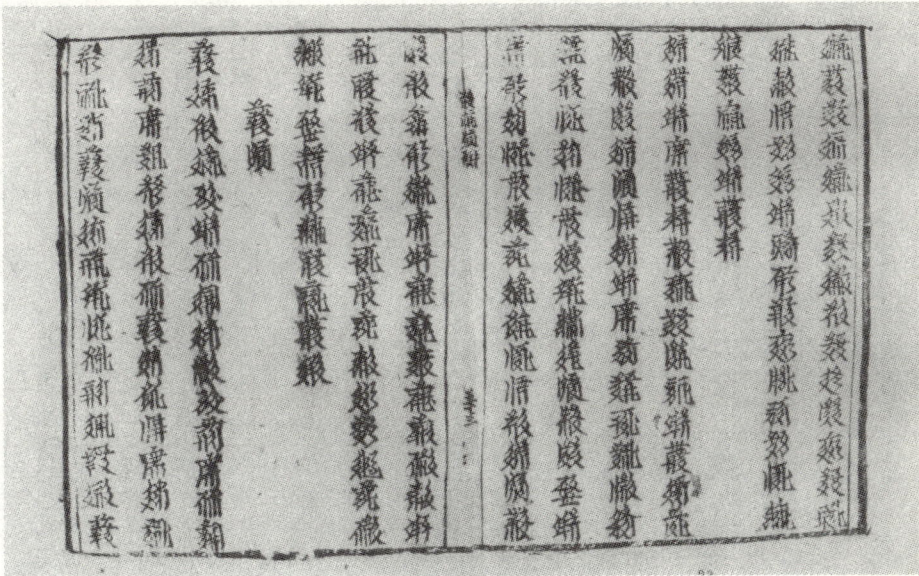

Танг. 12, № 133, л. 24

Танг. 12, № 133, л. 23

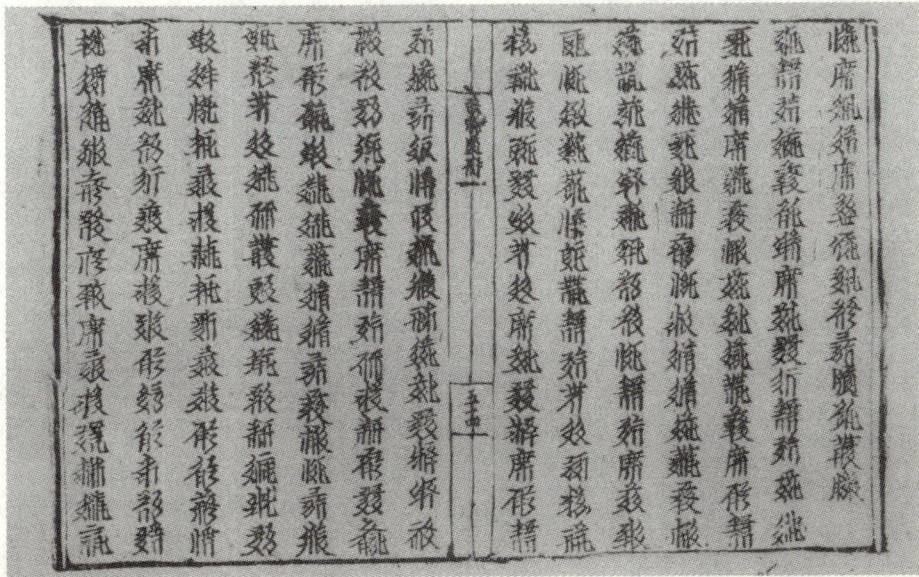

Танг. 12, № 133, л. 26

Танг. 12, № 133, л. 25

Танг. 12, № 133, л. 28

Танг. 12, № 133, л. 27

Танг. 12, № 133, л. 30

Танг. 12, № 133, л. 29

Танг. 12, № 133, л. 32   Танг. 12, № 133, л. 31